수학 귀신의 집

시끌벅적 수와 저절로 계산

감수·추천 계영희

이화여자대학교 수학과와 이화여자대학교 교육대학원 수학교육을 전공하였으며, 한양대학교 대학원, 홍익대학교 대학원에서 이학박사 학위를 받았습니다. 보성여자고등학교 교사, 이화여대, 홍익대, 경기대 강사를 역임했으며, 현재 고신대학교 유아교육과 교수, 교육대학원 입학처장으로 재직 중입니다. 지은 책으로는 『수학과 미술』 『수학을 빛낸 여성들』 『피아제와 반힐레 실험에 근거한 우리 아이 수학 가르치기』 『수학과 문화』 등이 있고, 〈수학사랑〉에 '수학과 미술'이라는 주제로 일 년 동안 글을 연재했습니다.

글쓴이 김선희

어려서부터 혼자 상상하기를 좋아한 선생님은 주로 하늘을 나는 상상을 했답니다. 작가가 되는 것은 하늘을 나는 것과 함께 가장 오래 지녀 온 꿈이랍니다. 어린 시절은 평범했지만 가장 잘했던 상상 덕분에 지금까지 글을 쓰고 있고, 앞으로 할머니가 될 때까지 글을 쓰고 싶은 꿈을 가지고 있습니다. 『흐린 후 차차 갬』으로 2001년 황금도깨비 상을 받았고, 그동안 지은 책으로는 『소원을 들어주는 선물』 『눈물맛은 짜다』 『예담이는 열두 살에 1,000만원을 모았어요』 『귓속말 금지 구역』 『공자 아저씨네 빵가게』 등이 있습니다.

그린이 이남지

서울에서 태어나 홍익대학교에서 섬유미술을 공부했습니다. 애니메이션 아트디렉터와 캐릭터 디자이너로 일했으며 지금은 프리랜서 일러스트레이터로 활동하고 있습니다. 그린 책으로는 『내 이름은 쏘카』 『동동동대문을 열어라』 『날아다니는 여우』 『역지사지 세계 문화 인도네시아』 등이 있습니다.

본문 디자인|박앤 bncom4@gmail.com 02.337.3375

 초등 스토리텔링 수학

수학 귀신의 집

시끌벅적 수와 저절로 계산

김선희 글 | 이남지 그림

살림어린이

감수·추천의 말

어떻게 하면 우리 아이들을 수학 속으로 빠져들게 할까요? 대한민국 학부모들의 바람이자 수학 교사들의 희망사항이겠지요. 그래서 늦은 감이 있지만 교육과학기술부에서 2013년부터 수학 교과서에 스토리텔링을 도입했어요. 어려운 수학을 재미있는 이야기로 풀어낸다면 우리 아이들이 훨씬 수학과 친해지며 수학적 사고력을 키울 수 있겠지요. 하지만 수학 교사가 작가적 상상력으로 이야기를 재미있게 풀어내는 데 한계가 있어요. 동화 작가들 또한 수학적 훈련이 부족하기 때문에 아이들을 쏙 빠져 들게 하는 수학 동화가 탄생한다는 것은 여간 힘든 일이 아닙니다.

그런데 이 책은 어린 소녀 윤아의 모험담을 통하여 귀납적인 사고를 길러 주는 훌륭한 스토리텔링입니다. 초등 5~6학년 아이들의 눈높이에서 수학 문제 풀이를 감칠맛 나게 엮어 나가면서 마방진과 수열의 개념까지 끌고 나가는 솜씨가 역시 전문가답습니다. 변소 각시와 우물신은 어렸을 적에 할머니한테 들었던 이야기인데 이 귀신들의 등장은 수학적 논리가 풍성한 판타지의 세계로 우리를 친밀하게 끌어당깁니다. 세련된 문체와 친숙한 이야기는 어른이 읽어도 옛날 추억에 잠기면서 곧바로 빠져들게 만듭니다.

 흉가가 된 옛날 집을 탐험하는 어린 소녀 윤아는 호랑이가 막고 있는 대문에서 암호를 풀면서 집 안으로 들어가 성주신이 낸 문제를 패턴을 이용하여 풀고, 조왕신이 가르쳐 주는 3차, 5차 마방진까지 풀어 나가죠. 화장지를 가지고 제시하는 변소 각시의 문제는 초등학생을 거듭제곱의 문제와 수열의 개념으로 자연스럽게 이끌면서 귀납법적인 문제 해결력을 길러 줍니다.

 여러분도 윤아와 함께 도전해 보세요. 귀신들과 수학 대결에서 한 문제 한 문제 풀다 보면 높은 산봉우리를 정복한 뿌듯함을 느낄 수 있게 될 것입니다. 마지막 옥황상제 앞에서 윤아가 푸는 수학 문제 3개는 이 책을 사 준 학부모까지 2권을 기다리게 할 것 같습니다.

고신대학교 유아교육과 교수,
한국수학사학회 부회장, 한국여성수리학회 부회장
계영희

작가의 말

　어렸을 때, 시골에 가면 무서운 것 천지였어요. 깊은 우물도 무서웠고, 똥이 뚝뚝 떨어지는 변소도 무서웠고, 꺼먼 재가 가득 쌓여 있는 아궁이 속도 무서웠고, 깜깜한 마루 밑도 무서웠어요. 그런데도 방학만 되면 시골에 가지 못해 안달이었어요.
　할머니는 우물에도 변소에도 부엌에도 안방에도 헛간에도 신들이 산다고 말하곤 했어요. 그래서 나는 여기저기 뛰어다니면서도 가끔씩 두려운 눈빛으로 신들이 어디 숨어 있나 확인하곤 했어요. 어디선가 보이지 않는 곳에서 무시무시한 모습의 신들이 나를 노려보고 있다고 생각하면 후다닥 밖으로 뛰쳐나가곤 했지요.
　시골집에는 할머니의 할머니, 그 할머니의 할머니가 살아온 것만큼 오래된 이야기가 있어요. 그 이야기들은 입에서 입으로 전해지기도 하지만, 우물로, 변소로, 아궁이로, 마루 밑으로도 전해졌어요. 낡은 집 전체가 이야기가 되고, 그 이야기는 언제 들어도 머리끝이 오싹 설 정도로 무섭지만 또 한편으로 그만큼 재미있었어요.
　하지만 그런 시골집들은 하나둘씩 사라졌어요. 얼마 전에 가 봤던 할머니 시골집도 어느새 번듯한 양옥으로 바뀌어 버렸어요. 집만 바

뀐 게 아니라 길도 바뀌었어요. 골목도 사라졌고, 넓은 밭도 사라졌고, 그 속에 스며 있던 수많은 이야기들도 사라졌어요.

수학과 시골집, 좀처럼 어울릴 것 같지 않지만, 수학을 통해 어렸을 때 내가 좋아했던 시골집을 세상 밖으로 꺼내 놓고 싶었어요.

'집에 사는 신들이 수학을 한다면 어떨까? 과연 수학을 잘할까?'

이 책은 그런 상상에서부터 시작해 써 내려갔어요. 쓰다 보니 의외로 신들이 똑똑(?)하다는 것을 알았답니다. 아마 집을 지켜 주는 신들이라서 머리가 좋은지도 몰라요.

수학은 결코 재미없고 어려운 과목이 아니에요. 집중하면 할수록 유쾌하고 재미있고 흥미진진한 과목이에요. 부디, 이 책을 통해 여러분도 더 단순하고 명쾌하고 창의적인 수학의 매력에 푹 빠지길 기대합니다.

글쓴이 김선희

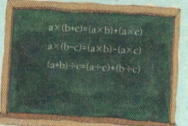

차례

대문을 지키는 호랑이 • 10

땅을 지키는 터줏대감 • 26

신들의 우두머리 성주신 • 35

삼신할미의 위대한 걸작품 • 53

마방진을 채워라 • 60

우물신의 마법 • 72

빨간 휴지 줄까, 파란 휴지 줄까? • 84

헛간에 모인 신들 • 95

우리 윤아가 달라졌어요! • 108

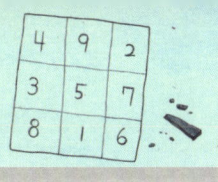

황장군과의 대결 • 118

첫 번째 문제 • 128

두 번째 문제 • 138

세 번째 문제 • 145

안녕, 신들! • 158

대문을 지키는 호랑이

"그걸 믿어? 다 미신이야."

엄마가 피곤한 얼굴로 말했다. 엄마는 집에서 나올 때부터 내내 표정이 어두웠다. 물론 아빠도 마찬가지다.

윤아는 뒷자리에 앉아서 졸다가 깨다가를 반복했다. 할머니네 집에 도착하려면 아직 멀었나? 창밖으로는 여전히 짙푸른 산과 논들이 휙 휙 지나갔다.

"정말이라니까."

아빠가 운전대를 잡고 앞을 바라보며 믿어 달라는 듯이 말했다. 도대체 무슨 말이지? 윤아는 자고 있어서 엄마, 아빠가 하는 얘기를 못 들었다.

아빠가 이어 말했다.

"우리가 집을 날리게 된 것도 다 그 전설 때문이라니까."

전설? 무슨 전설?

윤아는 잠이 확 달아났다.

윤아는 지금 시골 할머니 댁에 가는 길이다. 엄마가 당분간 시골 할머니 댁에 가서 살아야 한다고 말했을 때, 윤아는 얼마나 안 가겠다고 울면서 떼를 썼는지 모른다. 방학 때 할머니네 집에 몇 번 가 본 적이 있었는데, 갈 때마다 괜히 왔다고 후회했었다.

할머니네 집에는 낡고 오래된 것투성이다. 할머니도 늙었고, 집도 낡았고, 가구들도, 그릇들도 심지어는 텔레비전도 낡았다. 그러니 재미있을 리가 없다. 그런 할머니 댁에서 당분간 살아야 한다고 생각하니까 지옥에라도 끌려가는 기분이었다.

윤아네 집은 이사를 가야 할지도 모른다. 아주 복잡한 문제라서 윤아는 아무리 들어도 이해할 수가 없었다. 어쨌든 중요한 사실은, 집을 잃을지도 모른다는 거다.

"말도 안 되는 소리 그만하고 운전이나 잘해."

엄마가 귀찮다는 듯이 말하고 의자 등에

머리를 기댔다.

윤아는 아빠 의자 등받이에 얼굴을 바싹 갖다 대고 궁금해 죽겠다는 표정으로 물었다.

"무슨 전설인데요?"

아빠가 힐끔 뒤돌아보더니 또다시 정면을 보았다.

"듣고 싶니?"

"예."

윤아는 룸미러로 아빠에게 간절한 눈빛을 보냈다.

아빠가 이야기를 시작했다.

"할머니네 집은 오백 년이나 된 아주 오래된 한옥이야. 할아버지의 할아버지가 지은 집인데 그때는 이 집에 삼대나 되는 대가족이 살았단다. 그런데 한옥을 짓고 얼마 안 돼 집안에 나쁜 일이 계속 일어났어. 건강하던 식구들이 줄줄이 병으로 죽거나, 우물에 물이 마르거나, 흉년이 들거나 하는 일이었지. 지나가던 한 스님이 집을 보더니, 이 집에는 나쁜 귀신들이 꼬여 있으니, 당장 집을 허물고 새 집을 짓거나 아니면 다른 곳으로 이사 가야 한다고 했어. 할아버지의 할아버지는 고민했지. 스님 말만 듣고 멀쩡한 새 집을 허물자니

아깝고, 살자니 더 나쁜 일이 일어날 것 같아 불안했어. 생각 끝에 할아버지의 할아버지는 그 집은 두고 그 옆에 새 집을 짓기로 결정했단다. 그리고 새 집을 지어 식구들은 이사 했지. 그러자 거짓말처럼 집안에서 나쁜 일이 사라졌어. 아니, 오히려 좋은 일만 일어났지. 점점 부자가 됐고, 자식들도 다 성공했고, 병으로 죽는 사람도 없었어. 식구들은 헌 집 근처에는 얼씬도 하지 않았단다. 그러던 어느 날, 또다시 한 스님이 지나가다 헌 집을 보더니 혀를 끌끌 차며 헌 집에 나쁜 귀신들이 계속 꼬이고 있어 언젠가는 후손 중 누군가가 집을 잃게 될 거라고 말했어. 할아버지는 놀라서 그럼 헌 집을 허물어 버리면 되겠느냐고 물었지. 그랬더니 스님은 만약 그렇게 하면 이 가문이 폭삭 망할 수도 있으니까 헌 집은 그대로 두라는 거야. 그 대신 비법을 하나 가르쳐 줬어."

귀가 쫑긋해진 윤아가 물었다.

"그 비법이 뭔데요, 아빠?"

아빠는 옆에 앉은 엄마를 힐끔 돌아다보았다. 엄마는 피곤한지 눈을 감고 자고 있었다. 아빠는 엄마가 자고 있는 것을 확인하고 나지막한 목소리로 말했다.

"그 귀신들이 헌 집에 영영 발을 못 붙이도록 누군가가 나서서 싸워야 한다는 거야."

"에이, 그런 엉터리 같은 말이 어딨어요?"

윤아는 코웃음을 쳤다. 옆에서 자고 있던 엄마가 눈을 뜨고 신경질적인 목소리로 말했다.

"당신은 애한테 별 쓸데없는 소리를 다 하고 그래?"

아빠가 씁쓸하게 웃으며 대꾸했다.

"허허, 이 얘기는 우리 집에 대대로 전해 내려오는 전설이라니까."

어느덧 차가 할머니 집 앞에서 멈추었다. 아빠가 트렁크에서 윤아 짐을 내리는 동안 윤아는 낡고 오래된 대문을 올려다보았다. 아빠 말을 듣기 전에는 몰랐는데 듣고 나니까 대문만 봐도 으스스한 기분이 들었다.

할머니와 아빠, 엄마는 방에서 심각한 얘기를 나누고 있었다. 할머니가 한숨을 내뱉었다.

"그게 너희들이 어떻게 해서 장만한 집인데, 한순간에 날리다니."

할머니의 탄식에 아빠가 위로를 하듯 말했다.

"너무 걱정마세요, 어머니. 아직 확정된 건 아니에요. 집을 담보로 보증을 서 준 친구가 곧 빚을 갚겠다고 했어요."

옆에서 엄마가 날카로운 목소리로 쏘아붙였다.

"그러게 왜 집을 담보로 보증을 서 주냐고. 만약 그 친구가 빚을 안 갚으면 어떡할 건데?"

아빠가 자신 없어 하는 얼굴로 말했다.

"그럴 리가 없어. 그 친구는 꼭 돌아올 거야. 난 믿어."

엄마가 비웃듯이 말했다.

"믿는 도끼에 발등 찍히지."

할머니가 기어이 눈물을 보였다. 아빠와 엄마는 입을 꾹 다물고 굳은 얼굴로 앉아 있었다.

아빠가 친구에게 아파트를 담보로 빚보증을 서 줬고, 아빠 친구는 빚을 갚지 못해 아빠 빚을 아빠가 고스란히 갚아야 하고, 그래서 아파트를 잃게 됐다는 거다. 뭐가 뭔지 모르겠지만, 아빠 말처럼 아직 희망은 남아 있다. 제발 아빠 친구가 꼭 돌아와서 빚을 갚아야 할 텐데.

윤아는 방 안이 답답해서 밖으로 나왔다.

마당에서 놀고 있던 윤아는 문득 차에서 아빠가 했던 말이 떠올랐다. 윤아는 한번도 집 뒤쪽으로 가 본 적이 없었다. 그래서 뒤쪽에 낡은 한옥이 한 채 있는 줄은 몰랐다.

'한번 가 볼까?'

윤아는 뒤쪽을 흘끔 보았다. 왠지 으스스한 기분이 들었다.

'무서워. 거긴 귀신이 있다는데. 하지만 미신일 수도 있어. 요즘 같은 세상에 귀신이 어디 있어?'

윤아는 한발 한발 조심스럽게 뒤쪽으로 옮겼다. 아무 일도 일어나지 않았다. 윤아는 조금씩 더 용기를 내 보았다.

윤아가 집 뒤쪽으로 완전히 들어섰을 때, 거짓말처럼 눈앞에 낡은 헌 집이 나타났다. 헌 집과 지금 윤아가 서 있는 이 한옥 사이에는 윤아 키만 한 높이의 담장이 가로막고 있었다. 담장 너머로 헌 집이 보였다. 멀리서 봤을 때는 그렇게 심하게 낡아 보이지 않았지만, 마당에 풀이 무성한 것을 봐서는 오랫동안 아무도 가지 않았던 것 같았다.

담장 중간에는 대문도 있었다. 대문은 굳게 닫혀 있었는데, 호랑이 그림이 붙어 있었다.

호랑이 그림은 색이 바래고 낡아서 너덜너덜해진 채, 대문에 겨우

 붙어 있었다. 하지만 그림 속의 호랑이는 금방이라도 살아서 튀어나올 것처럼 매서웠다. 특히 두 눈은 불을 내뿜을 것처럼 강해 보였다.

 윤아는 무서웠지만 호랑이를 노려보았다.

 세상에 귀신이 어디 있어? 다 미신일 뿐이야. 내가 저 집에 귀신이 없다는 것을 보여 주겠어.

 윤아는 마음을 다지고 대문을 밀었다.

 그런데 갑자기 "암호!" 하고 외치는 소리가 들렸다. 굵고 우렁찬 남자 목소리였다.

 윤아가 놀라서 고개를 들어 보니, 주위에는 아무도 없었다. 그렇다면 대문이 말을?

윤아는 대문에 대고 소리쳤다.
"뭐라고요?"
"암호를 대란 말야."
놀랍게도 대문이 말하는 게 아니라 대문에 붙어 있는 그림 속 호랑이가 두 눈을 부릅뜨고 말하고 있었다.
'종이호랑이가 말을 하다니, 믿을 수가 없어.'
윤아는 자기 눈을 의심했다. 호랑이에게 물려가도 정신만 바짝 차리면 산다. 저건 살아 있는 호랑이가 아니라 종이호랑이일 뿐이야.
윤아는 생각했다. 암호가 뭘까? 분명히 암호를 대야 안쪽으로 들어갈 수 있을 텐데. 도대체 암호가 뭐지?
호랑이가 재촉했다.
"빨리 암호를 대란 말야."
윤아는 침착한 목소리로 말했다.
"힌트 좀 주세요."
호랑이는 두 눈을 껌벅거리더니 말했다.
"좋아. 어떤 숫자를 떠올려라."
윤아는 마음속으로 4를 떠올렸다.

호랑이가 말했다.

"그 숫자에 2를 곱해라."

'4×2는 8'

호랑이가 말했다.

"거기에 14를 더해라."

'8+14=22'

호랑이가 말했다.

"계산이 끝나면 반으로 나누어라."

'22÷2=11'

호랑이가 말했다.

"거기에서 맨 처음 떠올렸던 수를 빼라."

'11-4=7'

"이제 암호가 뭐지?"

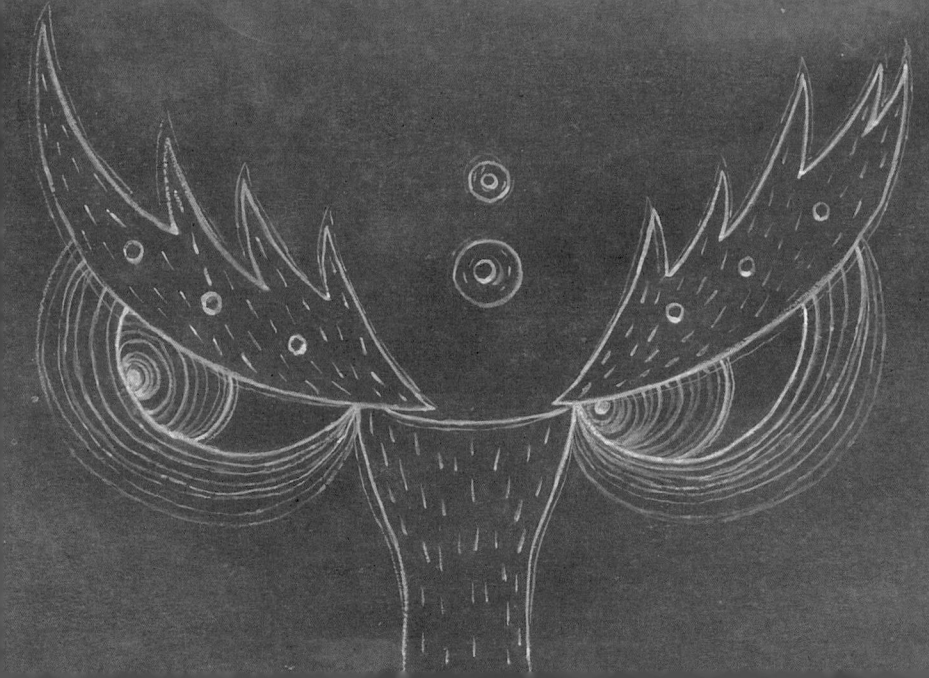

윤아는 자신 있게 대답했다.

"7입니다."

"통과."

스르륵 대문이 열렸다. 윤아는 대문 안으로 들어가려다 말고 곰곰이 생각했다.

'이상해. 만약 내가 4가 아닌 다른 수를 생각했다면 암호가 7이 아닐 텐데 왜 저 호랑이는 나한테 저런 힌트를 준 거지?'

윤아는 안으로 들어가려다 말고 호랑이에게 물었다.

"진짜 암호가 7이 맞아요?"

호랑이가 말했다.

"그래, 맞아."

윤아는 마음속으로 8을 생각했다. 그리고 아까 호랑이가 말했던 것처럼 계산해 보았다.

8×2=16 (처음 생각한 수에 2를 곱하라.)

16+14=30 (그 수에 14를 더하라.)

30÷2=15 (그 수를 반으로 나눠라.)

15-8=7 (그 수에서 처음 생각한 수를 빼라.)

윤아는 놀라서 소리쳤다.

"앗, 이번에도 답이 7이네요. 어떻게 된 거예요?"

그러자 호랑이가 날카로운 발톱으로 대문에 뭔가를 쓰기 시작했다.

숫자 n(윤아가 마음속으로 생각한 숫자)

$(n \times 2 + 14) \div 2 =$

분배 법칙을 이용해 다시 쓰면

$\{(2 \times n) \div 2\} + (14 \div 2)$

결합 법칙을 쓰면

$\{n \times (2 \div 2)\} + 7 = n + 7$

결국 어떤 수를 생각하고 있어도 그 수에 7을 더한 계산이 나온다.

분배 법칙

$a \times (b+c) = (a \times b) + (a \times c)$

$a \times (b-c) = (a \times b) - (a \times c)$

$(a+b) \div c = (a \div c) + (b \div c)$

윤아는 고개를 갸우뚱거렸다.

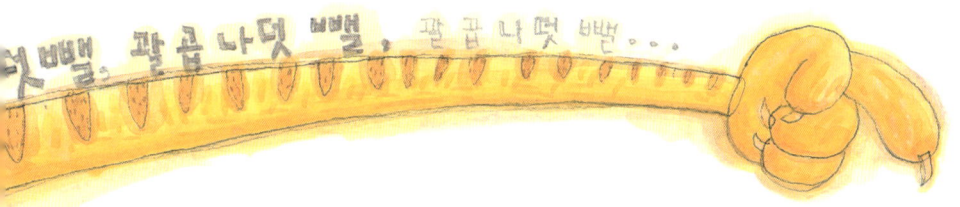

"계산하는 법을 잘 모르겠어요."

호랑이가 주문을 외우듯이 말했다.

"괄곱나덧뺄, 괄곱나덧뺄, 괄곱나덧뺄, 백 번만 해 봐. 실시!"

윤아는 호랑이의 기세에 눌려 자기도 모르게 주문을 외웠다.

"괄곱나덧뺄, 괄곱나덧뺄, 괄곱나덧뺄. 그런데 호랑이님, 괄곱나덧뺄, 괄곱나덧뺄, 이 주문이 뭐예요?"

호랑이가 말했다.

"혼합 계산 순서지 뭐긴 뭐야. 혼합 계산은 괄호부터 계산하고, 소괄호, 중괄호, 대괄호가 같이 나오면 소괄호, 중괄호, 대괄호 순으로 계산한다. 그다음 곱셈, 나눗셈, 덧셈, 뺄셈의 순서로 계산한다. 덧셈과 뺄셈이 섞여 있는 혼합 계산은 반드시 왼쪽부터 순서대로 계산한다. 곱셈과 나눗셈이 있으면 나눗셈을 곱셈으로 바꾸어 계산한다. 이제 알겠냐?"

윤아는 호랑이가 알려 준 순서대로 위 문제를 다시 풀어 보았다. 그랬더니 정말 답이 7이 나왔다.

"위 식대로 하면 내가 어떤 숫자를 생각하고 있어도 답은 항상 7이 되는군요."

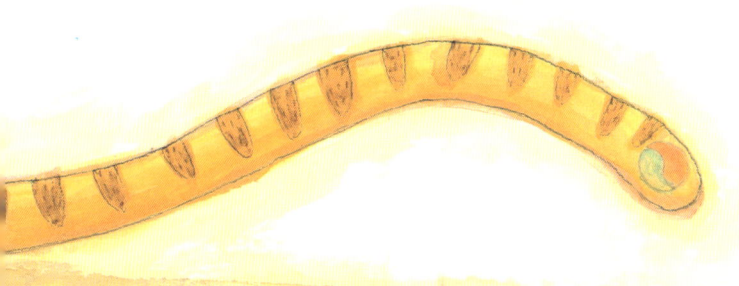

호랑이가 말했다.

"이제 알았냐? 단, 조건이 있어."

윤아가 재빨리 말했다.

"마음속으로 0을 생각하면 안 돼요. 0은 나누기가 안 되니까요."

호랑이가 껄껄 웃으며 말했다.

"옳거니, 너 생각보다 똘똘하구나. 참, 넌 누구냐?"

"전 윤아예요. 이 집은 우리 할머니 집이에요. 호랑이님은 누구세요?"

윤아의 말이 끝나기가 무섭게 호랑이 두 눈이 튀어나올 것처럼 커졌다.

"뭐, 윤아라고? 이런, 내가 실수를 했네. 들어가. 빨리."

윤아는 깜짝 놀랐다. 들어갈까 말까 망설이고 있는데 호랑이가 말했다.

"참, 내 소개를 안 했군. 난 대문신이야. 내 허락 없이는 아무도 이 집에 들어올 수 없어. 넌 무조건 통과!"

윤아는 뭔가에 끌리듯 대문 안으로 들어갔다. 그러자 대문이 요란한 소리를 내며 닫혔다.

땅을 지키는 터줏대감

할머니네 마당에는 잔디가 깔려 있었다. 잔디밭은 잘 손질되어 있어 양탄자 같았다. 마당 한쪽 구석에는 할머니가 정성껏 가꾸는 꽃밭도 있었다. 꽃밭에는 예쁜 꽃들이 하나 가득 피어 있었다.

그런데 이곳은 풀들이 아무렇게나 자라고 있어 마치 키 작은 정글 같았다.

윤아는 마당을 가로질러 걸어갔다. 걸을 때마다 키가 높이 자란 풀들이 맥없이 발밑에 깔렸다. 마당에는 아무도 없었다.

윤아는 기어들어 가는 목소리로 물었다.

"아무도 없어요?"

아무 소리도 들리지 않았다.

정면으로 보이는 한옥은 마치 흉가 같았다. 몇 백 년은 됐을 것 같은 기와는 대부분 깨져서 떨어져 나갔고, 기와 사이사이에는 잡풀들

이 자라고 있었다.

　대청마루 위에는 먼지가 수북히 쌓여 있었다. 문 창호지는 군데군데 찢겨져 나갔다. 정말이지 어디선가 으흐흐흐 소리를 내며 머리 푼 귀신이라도 나올 것 같은 분위기였다.

　마당 한쪽에는 우물이 있었고, 우물 뒤쪽으로 장독대, 그 옆으로 다 쓰러져 가는 작은 헛간 같은 곳이 있었다.

　'어쩌지? 정말 귀신 나올 거 같은데 그만 나갈까?'

　마당에 서서 고민하고 있는데 갑자기 땅이 갈라지는 듯 요란한 소리가 들려왔다.

　"지금 내 머리카락 일 개를 밟고 있는 자가 누구냐?"

　그 소리와 함께 땅이 흔들렸다. 윤아 몸이 술에 취한 것처럼 비틀거렸다. 으악, 지진인가? 윤아는 땅을 내려다보았다. 앗, 그런데 마당에 백 살도 더 들어 보이는 할아버지 얼굴이 새겨졌다. 윤아는 놀라서 팔짝팔짝 뛰었다. 할아버지가 땅에서 튀어나왔다. 할아버지 몸에서는 흙이 뚝뚝 떨어졌다. 그리고 보니 온몸이 흙덩어리였다.

　"어허, 그렇게 뛰지 마라. 따가워."

윤아는 그 자리에 얌전히 멈춰 선 뒤, 이번에도 용기를 내서 물었다.

"할아버지는 또 누구세요?"

"나는 땅 힘을 튼튼하게 하는 터줏대감이다. 지신이라고도 하지."

"지신이라고요? 뭘 한다고요?"

"이런 무식한 인간을 봤나. 예로부터 집터, 논, 밭 같은 땅을 기름지게 해주는 터줏대감을 몰라보다니."

"무식하다고요? 흥, 할아버지가 더 무식해요."

"뭐라고?"

"할아버지, 조금 전 머리카락 일 개라고 하셨잖아요."

"그게 뭐 어때서? 하늘의 해도 일 개, 달도 일 개. 손가락은 오 개, 발가락도 오 개."

"하하하……."

윤아는 웃음이 터져 나와서 참을 수가 없었다. 갑자기 어렸을 때 생각이 났다. 어렸을 때 윤아도 수를 읽는 법을 잘 몰라서 식구들에게 놀림을 받았던 적이 있었다. 이를 테면 빵을 일 개라고 하고, 사람을 삼 명, 김밥을 이 줄, 이런 식으로 말했었다.

"할아버지, 머리카락은 일 개라고 하는 게 아니라 한 올이라고 하는 거예요. 수박은 일 개가 아니라 한 개, 사람은 일 명이 아니라 한 명, 감은 십이 개가 아니라 열두 개."
터줏대감이 고개를 갸우뚱거렸다.
"분명히 일 개가 맞는데?"
"잘 들어 보세요. 차례를 나타내거나 단위가 붙는 수는 일, 이, 삼, 사로 읽어요. 일월, 이층, 삼 학년처럼요. 10m는 단위를 나타내니까 십 미터라고 읽어야 해요. 양을 나타내는 수는 하나, 둘, 셋, 넷으로 읽어요. 수박 한 개, 사람 두 명, 김밥 세 줄이라고 읽어야죠. 제가 문제 하나 낼까요?"

터줏대감은 윤아의 말에 귀를 기울였다.
"뭔데?"
"135명은 백삼십오 명이 맞을까요, 아니면 백서른다섯 명이 맞을까요?"
터줏대감은 골똘히 생각했다.
"정답은 백삼십오 명."
"땡, 맞기도 하고 틀리기도 했습니다."
"그런 엉터리 같은 정답이 어딨냐?"
"우리말은 백 이상의 수를 읽을 때는 한자를 섞어서 읽기도 하거든요. 그래서 백삼십오 명이나 백서른다섯 명이나 다 맞습니다."
"반은 맞췄으니까 맞은 걸로 해 줘."
"그럼 7시 7분 7초는 일곱 시 일곱 분 일곱 초가 맞을까요, 아니면 일곱 시 칠 분 칠 초가 맞을까요?"
터줏대감은 기분이 상한 듯 아무 말도 하지 않았다.
윤아는 잘난 척하는 얼굴로 말했다.
"시각을 읽을 때는 시는 하나, 둘, 셋으로 읽고 분과 초는 일, 이, 삼으로 읽어요. 그러니까 답은 일곱 시 칠 분 칠 초."
터줏대감의 얼굴이 일그러졌다.
"흥, 감히 이 터줏대감을 놀려 먹어?"

갑자기 땅이 심하게 출렁거렸다. 윤아의 몸도 넘어질 것처럼 이리저리 기우뚱거렸다.
"으아아악."
윤아는 겨우 중심을 잡고 두 다리로 섰다.
"이게 무슨 짓이에요? 하마터면 넘어질 뻔했잖아요."
터줏대감이 화가 난 목소리로 물었다.
"왜 이렇게 무거워? 너 도대체 몸무게가 몇이야?"
윤아는 입을 삐죽 내밀고 말했다.
"숙녀의 몸무게를 물어보면 실례라는 거 몰라요?"
"그렇다면 내가 알아내지."
"어떻게요?"
터줏대감이 물었다.
"네 몸무게에 5를 곱하고 거기에 4를 더해."
윤아는 마음속으로 열심히 계산했다.
"그 수에 다시 2를 곱하고 12를 더해."
윤아는 열심히 계산을 했다. 답은 270이 나왔다.
"제 계산이 틀리지 않았으면 270이 나왔어요. 설마 제 몸무게가 270킬로그램이라고 말하려는 건 아니겠죠?"
터줏대감이 가소롭다는 듯 씨익 웃더니 말했다.

"네 몸무게는 바로 25킬로그램이야. 맞았지?"

'헉, 어떻게 알았지?'

윤아는 깜짝 놀랐다. 지금까지 윤아 몸무게는 국가 기밀이었다. 아무리 친한 친구한테도 몸무게를 말한 적이 없었다. 세상에 혼자만 알고 있는 비밀을 터줏대감이 알고 있다는 게 신기했다.

"어떻게 알았어요?"

터줏대감이 대수롭지 않다는 듯이 대답했다.

"알고 보면 간단해."

갑자기 땅에 숫자가 새겨지기 시작했다.

(몸무게×5+4)×2+12=

몸무게×(5×2)+(4×2)+12=

몸무게×10+8+12=

몸무게×10+20=270(계산한 값이 270이라고 했으니까.)

몸무게=270-20÷10

윤아는 꼭 귀신에 홀린 기분이었다. 대문에 호랑이가 글씨를 쓰지 않나, 땅바닥에 저절로 글씨가 새겨지질 않나, 꼭 귀신 들린 집 같았다. 윤아는 어지간해서는 무서움을 타지 않는 강심장이다. 깜깜한 밤에도 혼자서 일어나 집 안을 돌아다닌다. 아무리 무서운 공포 영화를 봐도 무섭기는커녕 유치하기만 하다. 하지만 이 집은 왠지 기분이 나빴다.

'어서 이 집에서 빠져나가야겠어.'

윤아는 돌아섰다.

그때 터줏대감이 물었다.

"도대체 넌 누구냐?"

윤아는 당당하게 대답했다.

"전 윤아예요. 이 집은 우리 할머니 집이고요."

"뭐라고? 윤아라고? 네가 윤아 맞냐? 아이구, 어디 갔다 이제 왔냐? 우리가 얼마나 널 기다렸는데."

"절 기다렸다고요? 왜요?"

터줏대감은 몹시 서두르는 기색으로 말했다.

"이렇게 노닥거릴 시간이 없어. 어서 마루로 가 봐라. 빨리빨리."

윤아는 이곳에서 빠져나가는 대신 얼떨결에 마루로 뛰어올라 갔다.

신들의 우두머리 성주신

"아무도 안 계세요?"

윤아는 마루를 쿵쿵 뛰어다녔다. 집에서는 조금만 소리를 내면 아래층에서 당장 뛰어올라 와 항의를 했다.

윤아네 아래층에 사는 사람들은 소리에 아주 민감했다. 처음 이사 왔을 때부터 하루에 한 번씩 올라왔다. 심지어는 화장실에서 물 내리는 소리도 시끄럽다고 항의할 정도였다.

엄마는 아래층 때문에 스트레스가 쌓여서 못 살겠다고 짜증을 냈다. 그래서 윤아는 걸을 때도 발뒤꿈치를 들고 살살 걸어다녔다. 집이 살얼음판 같았다.

여기는 아무리 뛰어도 아래층에서 쫓아올라 오지 않겠지. 그래, 마음껏 뛰자.

쿵쿵, 쾅쾅!

윤아는 제자리에서 마구 뛰어 댔다. 얼마나 뛰었는지 마루에서 삐거덕 소리가 날 지경이었다.

"어휴, 시끄러워. 도저히 못 참겠어. 당장 그만!"

날카로운 목소리에 윤아는 그 자리에 멈춰 섰다. 이상하다. 분명히 여긴 아무도 없는데?

윤아는 주위를 두리번거리며 물었다.

"실례지만 누구세요?"

마루 구석에 놓인 작은 항아리에서 소리가 났다.

"일단 이 안에서 나 좀 꺼내 줘. 답답해 죽겠네."

항아리로 다가가서 뚜껑을 열었다. 항아리 안에는 작은 한지 주머니가 들어 있었다. 한지에서 연기 같은 것이 피어오르더니 지니의 요술 램프처럼 뭔가 항아리에서 빠져나왔다. 커다란 그림자였다. 그림자는 마루 위를 몇 바퀴 획획 날아다니더니 윤아 앞에 와서 멈춰 섰다. 얼굴이 어딘지 모르게 인자하게 생긴 할아버지였다.

"이제 좀 살 것 같네. 오백 년이나 갇혀 있었더니 답답해서 원."

"오, 오, 오백 년이라구요?"

윤아는 놀라서 항아리 뚜껑을 떨어트릴 뻔했다.

"나는 성주신이야. 이 집에 사는 신들 중에서 가장 웃어른이다. 나는 이 집의 평안과 부귀를 책임지고 있지."

신들 중에서 가장 웃어른?
윤아는 공손히 배꼽 인사를 했다.
 성주신은 다시 한번 마루를 한 바퀴 휘잉 돌더니 다시 윤아 앞으로 날아왔다. 순간 윤아는 뒷걸음질쳤다.
"그런데 넌 누구냐?"
 윤아는 태연한 척하며 말했다.
"저는 윤아라고 해요. 여긴 우리 할머니 집이에요."
 성주신이 순식간에 윤아 코앞까지 다가왔다. 윤아는 놀라서 기절할 뻔했다. 성주신이 놀란 얼굴로 물었다.
"네가 윤아? 김씨 가문의 손녀딸 윤아라구?"
"저를 아세요?"
 성주신이 감격한 얼굴로 말했다.

"이건 0을 발견한 것보다 더 놀라운 일이야.
오! 옥황상제시여, 감사합니다. 어쩐지 처음 널 볼 때부터 심상치 않은 기운을 느꼈어."
윤아는 눈을 동그랗게 뜨고 물었다.
"0을 발견한 게 뭐가 놀라워요?"
성주신은 흥분을 가라앉히고 천천히 말했다.
"0은 정말 놀라운 숫자야. 아라비아 숫자는 모두 인도 사람들이 만들었어. 지금부터 1,500년 전쯤이야. 하지만 그때는 1에서 9까지만 있었고 0은 없었지."
윤아는 재빨리 아는 체를 했다.

"그건 저도 알아요. 숫자는 인도에서 만들어졌지만 인도 숫자라고 하지 않고 아라비아 숫자라고 하는 건, 아라비아 상인들이 숫자를 다른 나라에 퍼트렸기 때문이에요. 그 당시에 아라비아에 상인들이 아주 많았거든요."

성주신이 매서운 눈빛으로 윤아를 노려보았다.

"어른이 말씀하시는데 버릇없이 끼어들다니."

"죄송합니다."

윤아는 금세 기가 죽어 입을 다물었다. 성주신이 그제야 한결 부드러워진 얼굴로 말했다.

넌 누구냐?

"0은 숫자가 발견된 이후, 몇 천 년이 지나서야 겨우 발견됐지. 0은 아무것도 없다는 의미로 사용돼. 또 시작점을 의미하기도 하고, 음수와 양수를 가르는 기준점이 되기도 해."

윤아는 0에 대한 설명을 듣고 싶은 게 아니라 왜 성주신이 자기를 기다렸는지 그 설명을 듣고 싶었다.

"그런데 왜 제가 온 게 0을 발견한 것보다 놀라운데요?"

성주신이 말했다.

"나는 이 집에 사는 모든 신들 중에서 가장 높은 신이야."

"그건 아까도 말했잖아요."

"아 참, 그랬나? 이거 내가 나이가 드니까 정신이 깜빡깜빡해서 말이야."

성주신은 윤아를 뚫어져라 보았다. 자세히 보니 젊었을 때는 아주 잘생겼을 것 같은 얼굴이었다. 키도 천장에 닿을 만큼 크고, 체격도

건장해 보였다. 그런 성주신이 연기처럼 이곳저곳 눈 깜짝할 사이에 옮겨다니는 것이 신기했다.

성주신은 진지한 표정으로 말하기 시작했다.

"지금부터 내가 하는 얘기 잘 들어. 때는 바야흐로 지금으로부터 500여 년 전. 윤아 너의 6대손 할아버지 되는 김 참판은 한양에서

벼슬을 하고 있었어. 하지만 계속되는 당파 싸움에 넌더리가 나서 모든 벼슬을 버리고 고향으로 내려왔지. 마침 고향에 살 집을 짓기 위해 땅을 보러 다니던 중, 지금 이 집터를 발견했지. 김 참판은 평생 모은 재산을 털어 자손 대대로 살 집을 짓기로 결심했어."

윤아는 이곳으로 오기 전 차에서 들었던 아빠 말이 생각났다. 아빠도 그렇게 말했다. 아주 오래전 할아버지의 할아버지가 이 집을 지었다고. 그런데 집을 짓고 얼마 지나지 않아 나쁜 일만 일어났다고.

성주신이 계속 말했다.

 "집이 다 완공되자 옥황상제가 우리 신들을 이 집으로 내려보냈어. 참, 너는 모르겠지만 새 집이 완공되면 옥황상제는 그 집을 담당할 신들을 뽑아서 근무지를 정해 주시거든. 그런데 우리가 옥황상제의 명을 받고 이 집에 도착했을 때, 참 난감한 일이 일어났어. 각 신들이 마루, 부엌, 안방, 변소, 마당을 차지하기도 전에 그 자리를 잡귀들이 차지하고 있었던 거야. 잡귀들이 어찌나 난폭하던지 마구 폭력을 쓰고, 바람을 일으키고 불을 내고 난리도 아니었어. 결국 김 찬판의 후손들은 이 집을 버리고 바로 새로 지은 집으로 옮겨 갔어. 그때부터 이 집은 폐가가 되었지. 하지만 결국 우리가 그 잡귀들을 물리치고 이 집을 지켰어.

 잡귀들 두목은 황장군이라고 불리는 귀신인데 살아 있을 때 산적 두목이었어. 살아생전 하도 나쁜 일을 많이 해서 죽어서 하늘나라에도 못 가고 여기저기 떠돌아다니는데 성격이 아주 난폭하기 짝이 없어. 황장군이 나타났다는 소문이 퍼지면 온 산천초목이 벌벌 떨 정도로 무서워했지. 황장군은 이 집에서 쫓겨난 뒤에도 이 집을 포기하지 못하고 막강한 부하들을 모아 이 집을 공격하곤 했어. 그때마다 우리 신들이 힘을 합쳐 황장군의 공격을 막아 냈지. 물론 우리가 쫓겨난 적도 있었지만."

그렇다면 아빠 말이 사실이란 말야? 엄마는 미신이라고 안 믿었는데, 지금 성주신 말을 듣고 보니 미신이 아니라 사실이잖아. 어떻게 이런 일이 있을 수 있지?

윤아는 고개를 갸우뚱거리며 물었다.

"그럼 한 가지만 물어볼게요."

"그래, 뭐든지."

"아빠가 빚보증을 잘못 서는 바람에 우리 집이 날아가게 됐대요. 그건 잡귀신들이 이 집에 나쁜 짓을 해서 그렇다고 하던데, 그 말이 사실인가요?"

성주신이 갑자기 위로 팔짝 뛰어올랐다. 마루 위를 미친 듯이 왔다갔다 하던 성주신이 갑자기 윤아 앞으로 와서 멈췄다. 윤아는 깜짝 놀라 뒤로 물러섰다.

"그럼 벌써 잡귀들의 저주가 시작됐단 말인가? 아, 이를 어쩌면 좋을까? 우리가 손을 쓰기도 전에 저들이 먼저 너희 집에 해를 끼치게 됐구나."

윤아는 부들부들 떨렸다.

'아빠 말이 사실이었어. 이 집에 전해 내려오는 전설이 미신이 아니었어.'

윤아는 떨리는 목소리로 물었다.

"할아버지, 아니, 성주신님. 우리 집을 지킬 방법이 없을까요? 제발 도와주세요."

성주신이 뭔가를 곰곰이 생각하더니 말했다.

"딱 하나 이 집을 지킬 방법이 있긴 한데."

성주신은 잠시 아무 말도 하지 않고 먼 하늘을 바라보았다. 땅에 있는 터줏대감이 마루 쪽으로 귀를 쫑긋 세우고 있다가 헛기침을 하고 돌아섰다. 저 멀리 대문에서는 대문신인 호랑이가 이쪽을 향해 귀를 기울이고 있었다.

윤아는 이상한 기분이 들어 주위를 두리번거렸다. 분명히 주위에 누군가 있는 것 같았는데, 돌아보면 아무도 없었다.

윤아가 물었다.

"그게 뭔데요?"

이윽고 성주신이 천천히 말했다.

"우리는 잡귀들과 오랫동안 싸워 왔어. 그 사실은 하늘에 계시는 옥황상제님도 알고 계시지. 그래서 옥황상제님이 마지막으로 명령을 내리셨어. 잡귀들과 수학 대결을 해서 이기는 쪽이 이 집을 차지하라는 거야."

윤아는 갑자기 웃음을 터트렸다. 잡귀들과 신들이 수학 대결을 하다니, 아무리 생각해도 배꼽을 잡고 웃을 일이다.

"귀신들이 수학을 어떻게 해요. 내가 살다 살다 귀신들이 수학 한다는 얘기는 처음 들었네. 아하하하."

윤아의 웃음소리가 빈 마당 안에 가득 울려 퍼졌다. 터줏대감이 기분 나쁜 듯 헛기침을 해 댔다. 성주신도 얼굴이 굳어졌다. 주위의 공기도 이상할 정도로 냉랭해졌다. 윤아는 그제야 눈치를 채고 웃음을 멈췄다.

성주신이 무섭도록 싸늘한 얼굴로 말했다.

"우린 귀신이 아니라 신이야. 귀신은 황장군 패거리들이지. 그리고 수학 대결은 우리가 하는 게 아냐. 우리는 오래전부터 우리를 대표할 수학 전문가를 키워 왔어."

"수학 전문가? 그게 누군데요?"

성주신이 윤아 앞으로 바싹 다가왔다. 그러더니 확신에 찬 얼굴로 윤아를 가리키며 말했다.

"바로 너. 네가 우리를 대표해서 황장군과 수학 대결을 좀 해 줘야 겠다."

성주신의 얼굴이 갑자기 소름 끼치도록 무섭게 변했다. 윤아는 온몸이 오들오들 떨렸다. 수학 대결이라니, 그것도 신들을 대표해서 잡귀들과 대결을 해야 하다니. 도저히 있을 수도 없는 일이다.

"왜 하필 제가 해요? 여기 신들 많다면서요. 그분들한테 시키면 되잖아요."

성주신의 얼굴이 굳어졌다.

"우린 할 수 없어. 그 이유는 나중에 때가 되면 알려 줄게. 우린 널 기다려 왔어. 네가 태어나기 전부터."

윤아는 재빨리 주위를 살폈다. 누군가 있는 것처럼 느껴졌지만, 주위에는 아무도 없었다. 대문 쪽을 슬쩍 보았다. 대문 앞까지 전속력으로 달려가면 금세 밖으로 나갈 수 있을 것 같았다.

"저, 저기 저게 뭐예요?"

윤아는 방문 쪽을 가리켰다. 성주신이 방문 쪽으로 고개를 돌렸다. 그때를 틈타 윤아는 재빨리 마루에서 뛰어내려 마당을 가로질러 달려가기 시작했다.

그런데 몇 걸음 뛰지 않아서 갑자기 발바닥이 땅에 딱 달라붙었다.

아무리 발을 들려고 해도 발이 땅에 붙어 떼어지지 않았다. 윤아는 신발을 벗은 채 도망치기 시작했다. 하지만 이번에도 발바닥이 땅에 딱 달라붙어 버렸다. 발바닥 살가죽이 벗겨지는 것처럼 아팠다.

"살려 줘요."

윤아는 고함을 질렀다. 그런데 말이 입 밖으로 나오지 않았다. 누군가가 손으로 입을 틀어막는 기분이었다. 누군가 머리카락을 잡아당겼고, 양팔을 뒤에서 꼼짝도 못하게 잡았다.

"싫어, 나 갈 거예요. 이거 놔요."

윤아는 몸부림을 쳤다. 하지만 몸부림을 치면 칠수록 몸은 더 꼼짝없이 뭔가에 붙잡혀 있었다.

"들어올 때는 네 마음대로 들어왔지만 나갈 때는 네 마음대로 못 나가."

터줏대감의 목소리였다.

이럴 줄 알았으면 할머니 집에 내려오지도 않는 건데. 엄마, 아빠가 데려다준다고 했을 때 도망칠걸. 아빠 말이 맞았어. 여기엔 아주 무시무시한 귀신이 살고 있다니.

윤아는 눈물을 뚝뚝 흘리며 서럽게 울었다.

성주신이 마루에서 내려와 윤아 앞으로 다가왔다.

윤아는 울면서 말했다.

"난 수학을 못한단 말이에요. 세상에서 가장 싫은 게 수학이란 말이에요. 제발 절 보내 주세요."

성주신이 난처한 표정으로 말했다.

"그럴 리가 없어. 넌 대문에 들어올 때 암호를 맞추고 들어왔어. 수학을 못하면 절대 대문을 통과할 리가 없단 말야."

"그건 그 호랑이가 아니, 대문신이 힌트를 줘서 그래요. 전 수학 못해요. 수학 점수도 형편없단 말이에요."

성주신은 난처한 표정을 지었다. 윤아 말은 사실이었다. 윤아가 가장 싫어하는 과목이 수학이다. 수학이라는 단어의 '수'자만 들어도 머리가 지끈지끈 아팠다. 성주신이 말했다.

"좋아, 그렇다면 내가 한번 시험을 해 보지."

성주신은 마룻바닥에 글씨를 썼다.

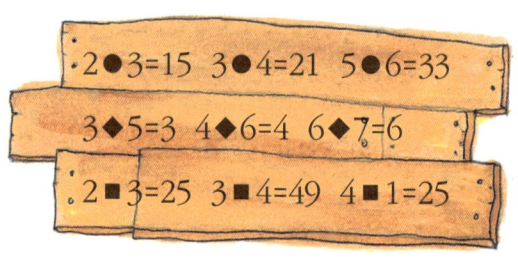

성주신이 물었다.

"너 이 중에서 ●, ◆, ■는 각각 어떤 규칙을 갖고 있는지 알아맞춰 봐."

윤아는 마룻바닥이 뚫어져라 살펴보았다.
자세히 보니 어떤 규칙이 보였다.

● 는 두 수를 더하고 거기에 3을 곱하는 규칙.
◆ 은 두 수 중에서 작은 수.

■ 은 두 수를 더하고 그 수를 거듭제곱으로 곱하는 규칙.

윤아가 규칙을 찾아내는 것을 본 성주신이 윤아 모르게 빙긋 웃었다. 윤아가 성주신을 돌아보자 성주신은 얼굴색을 싹 바꿔서 근엄한 표정으로 말했다.

"좋아, 그럼 그 규칙을 이용해서 내가 내는 문제를 풀어 봐."
성주신은 마룻바닥에 식을 썼다.

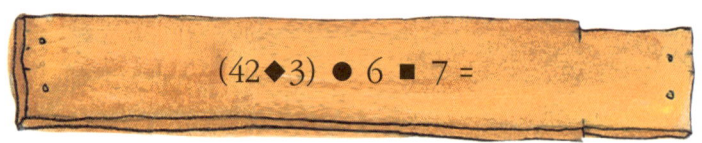

윤아는 머리가 지끈거렸다. 무서움은 사라지고 슬슬 화가 나려고 했다.

"왜 제가 이 문제를 풀어야 해요? 전 집에 돌아갈 거예요."

윤아는 홱 돌아섰다. 그러자 눈 깜짝할 사이에 성주신이 윤아 앞을 가로막았다. 돌아서면 어느새 또 가로막고, 돌아서면 또 가로막았다.

윤아는 짜증을 내며 말했다.

"도대체 왜 이러세요?"

성주신이 진지한 표정으로 말했다.

"곧 나가게 될 거야. 일단 저 문제를 풀어 봐."

윤아는 그제서야 문제를 들여다보았다.

◆은 두 수 중 작은 수를 구하는 규칙. 그러니까 42와 3 중에서 3을 선택한다.

●는 두 수를 더하고 거기에 3을 곱하는 규칙. (3+6)×3=27

■은 두 수를 더하고 그 수를 거듭제곱으로 곱하는 규칙. 27+7=34, 34×34=1156

(42◆3) ● 6 ■ 7 =

"답은 1156이에요."

성주신은 놀란 얼굴로 소리쳤다.

"정말 놀라워. 이렇게 어려운 문제를 그토록 쉽게 풀다니. 넌 천재야."

윤아는 어리둥절했다. 평소에 수학을 못해서 엄마나 선생님한테 얼마나 구박을 많이 받았는데, 천재라니.

"정말 이상해요. 저 이렇게 수학 잘하지 못했거든요. 어떻게 된 거죠?"

성주신이 고개를 끄덕이며 말했다.

"이제야 네 본래 모습으로 돌아오는 거야. 넌 원래 수학을 잘했어. 태어나기 전부터."

윤아는 그 말을 믿을 수가 없었다. 태어나기 전부터 수학 잘하는 걸 어떻게 알지?

성주신이 안방 문을 가리키며 말했다.

"어서 안방으로 들어가 봐. 삼신할미가 네 출생의 비밀을 알려 줄 거야."

윤아는 불안한 눈빛으로 안방 쪽을 바라보았다. 그리고 대문 쪽을 보았다. 이상하게 대문 쪽으로 몸을 돌리면 몸이 딱딱하게 굳어졌고, 안방 쪽으로 돌리면 금방이라도 날아갈 것처럼 몸이 가볍게 느껴졌다. 몇 번 그렇게 해 봤지만 그럴 때마다 똑같았다.

윤아는 안방 쪽으로 몸을 돌린 뒤, 슬그머니 발을 올려보았다. 그러자 신기하게도 발이 바닥에서 떨어졌다. 재빨리 몸을 돌려 대문 쪽으로 돌렸다. 그러자 발이 또 바닥에 달라붙어 움직이지 않았다.

윤아는 하는 수 없이 도망가는 것을 포기하고 안방 문을 열었다.

삼신할미의 위대한 걸작품

안방은 눈뜨고 봐 줄 수 없을 만큼 지저분했다. 방바닥은 여기저기 뜯겨져 나갔고, 천장에는 거미줄이 잔뜩 쳐져 있었다. 방 구석구석에는 쥐똥도 수북이 쌓여 있었다. 또 곰팡이 냄새도 코를 찔렀다. 도저히 들어가고 싶지 않은 방이었다.

안방에서는 삼신할미가 등을 돌리고 앉아 뭔가를 쉴새없이 중얼거리고 있었다.

"스물여섯 명의 아기들을 열 집에 두 명씩 혹은 세 명씩 주려면 어떻게 계산하지? 두 명씩 주는 집은 몇 집일까? 아, 도무지 계산이 안 되네."

윤아가 들어갔는데도 삼신할미는 계산에 열중하느라 알아채지 못했다. 윤아는 삼신할미 앞으로 다가갔다. 삼신할미는 바닥에 쌀알을 놓고 뭔가를 열심히 계산하고 있었다. 쌀알은 모두 26개였다.

"뭐 하세요?"

윤아가 묻자 삼신할미가 깜짝 놀라 엉덩방아를 찧었다.

"아이구, 놀래라. 애 떨어질 뻔했네."

윤아는 물끄러미 삼신할미를 보았다. 머리카락은 새하얗고, 얼굴에는 주름이 가득한 할머니가 그런 말을 하자 이해할 수가 없었다.

"뭘 그렇게 열심히 계산하시느냐구요."

삼신할미가 말했다.

"난 삼신할미야. 아기들을 태어나게 해 주는 일을 해."

윤아도 삼신할미에 대한 얘기는 들은 적이 있었다. 세상에 나오는 모든 아기들은 삼신할미가 점지해 준다고 했다. 아기들 엉덩이가 퍼렇게 멍이 든 것도 세상에 나올 때 삼신할미가 어서 나가라고 엉덩이를 찰싹 때려서 생긴 거라는 것도.

삼신할미가 계속 말했다.

"내일 이 동네에 태어날 아기들을 점지해 줘야 하거든. 26명을 열 집에 2명이나 3명씩 점지해 줘야 한단 말야. 그런데 열 집 중에 2명은 몇 집, 3명은 몇 집을 주어야 26명을 다 점지해 줄 수 있는지 몰라서 그래."

윤아는 방바닥에 있는 쌀알을 내려다보며 말했다.

"식으로 만들어 보면 되잖아요."

아기 두 명을 점지할 집을 ★이라 하고,

아기 세 명을 점지할 집을 10-★이라고 하고 식을 만들어 보면,

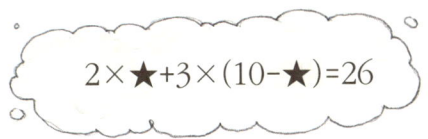

$$2 \times ★ + 3 \times (10-★) = 26$$

삼신할미가 놀라서 두 눈을 크게 뜨고 말했다.

"아하, 이런 방법이 있었구나. 그럼 아기 둘이 갈 집과 셋이 갈 집은 몇 집이지?"

윤아는 먼지가 수북히 쌓여 있는 방바닥에 손가락으로 계산했다.

$$2★ + 30 - 3★ = 26$$
$$-★ = -4$$
$$★ = 4$$

아기 두 명이 갈 집=4집,
아기 세 명이 갈 집(10-4)=6집
그러니까 2×4=8명, 3×6=18명
합이 26명

윤아는 자기가 풀어놓고도 신기해서 풀이 과정을 들여다보았다.
'이상하다, 전에는 수학이 싫어서 숫자만 봐도 머리가 지끈거렸는데 어떻게 된 거지?'

삼신할미가 좋아서 어쩔 줄 몰라하는 표정으로 말했다.

"고민이 해결됐네. 그런데 참, 넌 누구니?"

삼신할미가 윤아를 빤히 쳐다보았다. 윤아는 어이가 없었다. 분명히 성주신이 삼신할미가 기다리고 있다고 빨리 안방으로 들어가 보라고 했는데 이제 와서 누구냐고 묻다니.

"절 기다리셨다면서요."

삼신할미가 놀란 얼굴로 말했다.

"그럼 네가 윤아란 말이냐? 아이구, 세상에. 아기 문제로 복잡해서 깜빡하고 있었네. 이 삼신할미의 위대한 걸작품을 오늘에서야 보다니."

"그게 무슨 말이에요?"

삼신할미가 고개를 끄덕이며 말했다.

"널 세상에 내보낼 때 너에게 큰 능력을 심어 줬거든."

"그게 뭔데요?"

"말해 줄까, 말까?"

삼신할미가 윤아를 보고 약을 올렸다. 이럴 때 궁금해하는 표정을 지으면 상대가 더 재미있어한다는 것을 윤아는 알고 있었다. 궁금할수록 안 궁금한 척하면 상대는 다 불게 돼 있다.

윤아는 입을 삐죽거리며 내뱉었다.

"칫, 말 안 해 줘도 돼요."

그러자 윤아의 예상대로 삼신할미는 순순히 털어놓았다.

"네가 집을 구할 수 있는 능력 말이야."

윤아는 깜짝 놀라서 물었다.

"제가 우리 집을 구할 수 있단 말이에요? 어떻게요? 그럼 우리 집 경매에 안 넘어가요?"

삼신할미가 빙그레 웃으며 말했다.

"그래, 우리는 네가 태어나기 전부터 이번 일이 터질 줄 미리 알고 있었다. 그래서 널 내보낸 거야. 그게 바로 네 출생의 비밀이란다."

윤아의 얼굴에 실망한 기색이 역력했다. 윤아가 풀죽은 얼굴로 물었다.

"제가 어떻게 집을 구해요? 전 아무것도 할 줄 아는 게 없는데."

"수학으로 이 집을 구할 수 있어."

"어휴, 또 그 말씀을 하시네. 도대체 아무짝에도 쓸모없는 수학으로 우리 집을 어떻게 구한단 말이에요?"

삼신할미가 두 팔을 내저으며 말했다.

"수학이 아무짝에도 쓸모없다고? 천만에. 이제부터 수학을 왜 해야 하는지 알려 주지. 일단 수학은 모든 학문의 기초야. 수학은 사고력을 길러 주지. 논리적 사고력, 연역적 사고력, 추리력 사고력 등을

길러 줘. 인간들은 살면서 어떤 일을 결정하고 판단할 수 있는 때가 있어. 수학을 잘하면 지혜로운 판단을 할 수 있지. 넌 아직 어려서 모르겠지만 크면 머리 쓸 일이 많아진단다. 그때 수학으로 익힌 사고력이 아주 많은 도움이 돼요."

윤아는 입을 쩍 벌려 하품을 하고 나서 말했다.

"알았어요, 알았다구요. 하지만 전 수학을 못한단 말이에요. 그러니까 다른 사람을 알아보시는 게 좋을 거예요. 전 그럼 이만 피곤해서 집에 가 봐야겠어요."

"아니, 아직은 안 돼. 오늘 밤 그 일이 끝나기 전에는 갈 수 없어."

윤아는 깜짝 놀랐다.

오늘밤 그 일이라면? 혹시 오늘이 황장군과 수학 대결을 하는 그 날이란 말인가?

삼신할미가 갑자기 다급한 목소리로 말했다.

"참, 내 정신 좀 봐. 빨리 부엌으로 가 봐. 어서 서둘러. 시간이 없어."

삼신할미가 윤아 등을 밀었다. 윤아는 부엌으로 통하는 문으로 삼신할미에게 밀려서 들어갔다.

마방진을 채워라

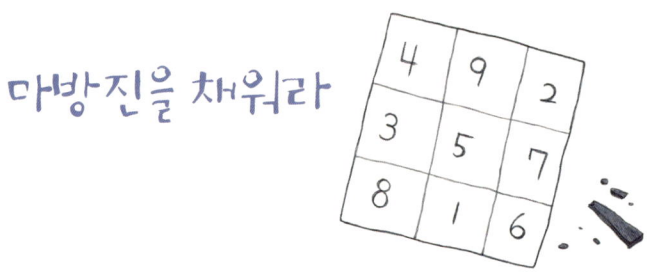

부엌에서는 매캐한 연기 냄새가 났다. 벽에는 나무로 짠 찬장이 붙어 있었고, 바닥에는 커다란 물독이 놓여 있었다. 그 옆에는 마른 장작이 쌓여 있었다. 부뚜막에는 먼지가 뽀얗게 쌓여 있었고, 커다란 가마솥 두 개가 아궁이에 걸려 있었다.

윤아는 부뚜막에 앉았다. 그러자 등 뒤에서 날카로운 목소리가 들려 왔다.

"부뚜막에 앉으면 안 된다."

윤아는 깜짝 놀라서 벌떡 일어났다. 검은 그을음이 새까맣게 덮여 있는 벽에서 나는 소리였다. 자세히 들여다보니 벽에 낡은 그림 한 장이 붙어 있었다. 그림 속에 한쪽은 여자, 한쪽은 남자인 그림이 윤아를 보고 있었다.

"누구세요?"

여자 쪽 그림이 대답했다.

"난 조왕신이라고 해요. 부엌에서 일어나는 일은 모두 내 담당이에요."

윤아는 조왕신의 친절한 말투에 감동을 받아 양손을 배꼽에 대고 공손히 인사했다.

"처음 뵙겠습니다, 조왕신님."

이번에는 남자 쪽 조왕신이 말했다.

"그렇지 않아도 기다리고 있었다. 시간이 별로 없어. 훈련을 시작하자."

"무슨 훈련요?"

남자 조왕신이 말했다.

"그야 물론 마방진이지."

"마방진이 뭐예요?"

이번에는 여자 조왕신이 말했다.

"마방진은 가로, 세로, 대각선에 배열된 수의 합이 언제나 같은 수가 나오는 것을 말해요. 옛날 사람들은 마방진이 마법처럼 신기한 힘을 갖고 있다고 믿었죠. 심지어는 귀신을 물리치는 부적으로 사용하기

도 했어요. 마방진은 지금으로부터 4,000여 년 전 중국 하나라에서 처음 발견됐어요. 하나라에 낙수라는 큰 강이 흘렀는데 해마다 큰 홍수가 나서 낙수 주변의 집들이 떠내려가고 농사를 망쳤어요. 그 당시 하나라는 우왕이 다스리고 있었는데, 우왕은 백성들에게 강가에 높은 둑을 쌓는 공사를 시켰어요. 백성들이 둑을 쌓고 있는데 낙수에서 커다란 거북이 한 마리가 엉금엉금 기어올라 오지 뭐예요? 거북이 등에는 신기하게도 숫자들이 새겨져 있었어요. 사람들은 그 거북이를 잡아 우왕에게 바쳤죠. 우왕은 거북이 등에 새겨진 숫자를 세어 봤어요. 그런데 신기하게도 가로, 세로, 대각선 어느 방향으로 더해도 똑같이 15개가 된 거예요. 더욱 신기한 일은 거북이가 나온 후부터 홍수가 그쳤다는 거예요. 우왕은 거북이 등에 새겨진 수를 '마방진'이라고 불렀어요. 마방진은 마법의 힘을 가진 방진이란 뜻이에요."

윤아가 물었다.

"그럼 방진은 무슨 뜻이에요?"

이번에는 남자 조왕신이 말했다.

"방진은 군대가 사각형 모양으로 치는 진지를 말한다. 삼국지에서 제갈공명은 마방진을 이용해 적을 물리친 적도 있지."

"그런데 왜 조왕신님이 저한테 마방진을 가르쳐 줘요?"

이번에는 여자 조왕신이 말했다.
"어머, 아직 그것도 몰랐어요? 마방진은 일종의 숫자 퍼즐이에요. 숫자 퍼즐을 풀 때는 이리저리 숫자를 넣어 보면서 시행착오를 많이 거치잖아요. 그러는 동안 숫자에 대한 감각이나 계산 능력, 문제 해결 능력을 키워줘요. 자, 이제 슬슬 몸을 풀어 볼까요?"
그림 속에서 조왕신이 나왔다. 조왕신은 아궁이에서 타다 만 숯 하나를 집어 들더니 벽에 네모 칸을 그리기 시작했다.

남자 조왕신이 네모 칸을 가리키며 말했다.
"저건 가장 기본적인 마방진이야. 이제부터 문제를 내겠다. 1부터 9까지 저 네모 칸 안에 각각 써 넣어. 단 조건이 있어. 가로, 세로, 대각선

합이 각각 15가 되어야 해."

윤아는 손을 번쩍 들고 물었다.

"조왕신님. 왜 합이 15가 되어야 하나요?"

여자 조왕신이 친절한 미소를 지으며 대답했다.

"1부터 9까지의 합이 45예요. 그중에 세 수를 더하니까 45를 3으로 나누면 15가 되잖아요. 그래서 합이 15가 되어야 하는 거예요."

윤아는 숯을 들고 네모칸에 숫자를 써 넣기 시작했다. 몇 번을 해 봤지만 잘되지 않았다. 합이 15가 안 나오기도 하고, 똑같은 숫자를 중복해서 적기도 했다.

윤아의 얼굴에 숯가루가 시커멓게 묻었다.

(1, 5, 9) (1, 6, 8) (2, 4, 9) (2, 5, 8)
(2, 6, 7) (3, 4, 8) (3, 5, 7) (4, 6, 5)

"못하겠어요. 힌트 좀 주세요."

여자 조왕신은 친절한 얼굴로 말했다.

"1부터 9까지 더해서 15가 나오는 세 개의 수를 구해 보세요."

윤아는 부엌 바닥에 숫자를 적기 시작했다.

남자 조왕신이 말했다.

"좋아, 그럼 그 수를 네모칸 안에 어떻게 배열을 할지 연구해 봐."

윤아는 바닥에 적어 놓은 수를 뚫어져라 보았다. 그랬더니 어떤 규칙이 보였다. 5는 네 번 쓰였고 1, 3, 7, 9는 두 번, 2, 4, 6, 8은 세 번 쓰였다.

네모 칸을 보았다. 네 번 쓰일 수 있는 칸은 맨 가운데 칸이었다. 윤아는 가운데 칸에 5를 적었다. 그리고 네 귀퉁이에 있는 칸은 더하는 데 세 번 쓰이는 칸이었다. 윤아는 귀퉁이에 각각 2, 4, 6, 8을 적었다.

여자 조왕신의 얼굴이 밝아졌다.

"제대로 되어가고 있군요. 그럼 나머지 숫자들을 더해서 15가 되

알았다!

도록 채워 넣으세요."

윤아가 숫자를 다 채워 넣자 조왕신이 좋아서 어쩔 줄 몰라하는 표정으로 박수를 쳤다.

남자 조왕신이 이번에는 벽에 가로세로 다섯 칸짜리 네모 칸을 그렸다.

"이번에도 칸을 완성해 봐."

윤아는 짜증이 밀려왔다.

"이걸 언제 다 채워요."

여자 조왕신이 부처님 같은 인자한 미소를 지으며 말했다.

"마방진 공식이 있는데 가르쳐 줄까요? 그 공식대로라면 1분 안에 문제를 풀 수 있을 텐데."

윤아 얼굴이 밝아졌다.

"당장 가르쳐 주세요."

여자 조왕신은 가로세로 다섯 칸짜리 네모 칸을 그린 다음 설명하기 시작했다.

"잘 들어요. 이 마방진 공식은 세 칸, 다섯 칸, 일곱 칸처럼 홀수일 때만 해당이 되는 거예요. 우선 맨 위 한가운데 1을 적어요. 그다음 숫자들은 모두 오른쪽 대각선 방향으로 하나씩 늘어나요. 오른쪽

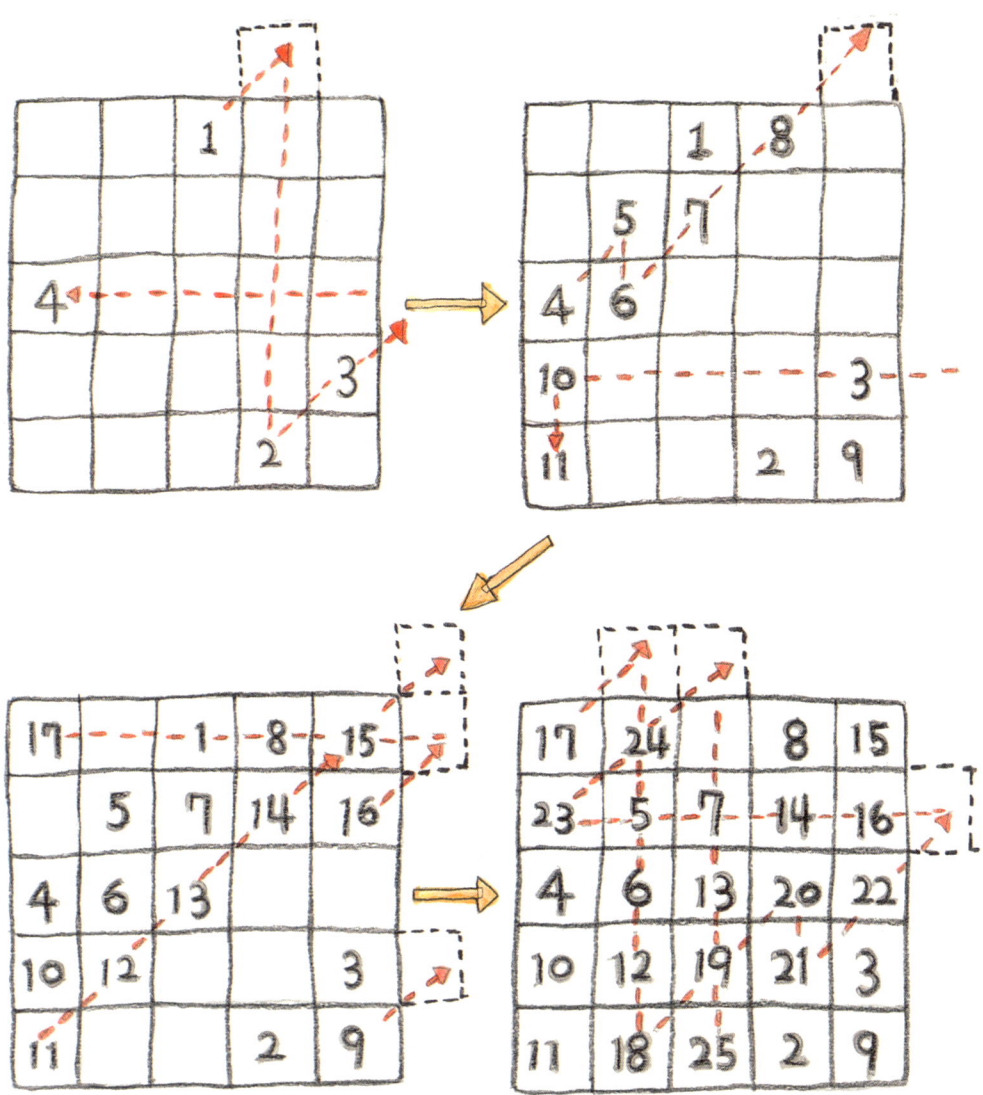

위가 공란일 때는 마주 보이는 맨 아래칸으로 가서 2를 적어요. 그 다음 오른쪽 대각선 방향으로 3을 적지요. 3의 오른쪽 위는 공란이니까 마주 보이는 맨 왼쪽 칸으로 이동해서 4를 적어요. 4에서 다시 대각선 방향 위칸으로 가서 5를 적고, 다시 오른쪽으로 가려고 하니까 위에 숫자 1이 있군요. 대각선 방향 위에 숫자가 있을 때는 바로 아래로 내려옵니다. 그래서 6을 적고 다시 위로 올라가요. 이런 식으로 계속 하다 보면 25개의 칸을 다 채울 수가 있답니다."

윤아는 조왕신이 시키는 대로 해 보았다. 빈칸은 금세 채워졌다. 이렇게 쉬운 방법이 있을 줄은 꿈에도 몰랐다. 윤아는 자기가 완성한 다섯 칸짜리 마방진을 들여다보았다.

"이게 정말 내가 완성한 마방진이란 말이에요? 조왕신님. 우리 더해요. 이렇게 하면 101칸짜리도 하겠어요."

남자 조왕신은 그제야 서두르는 기색으로 말했다.

"우물신이 기다린다. 빨리 우물로 가 봐."

부엌문이 덜컹 소리를 내며 갑자기 열렸다.

윤아는 밖으로 나가려다 말고 고개를 돌려 조왕신을 보았다. 여자 조왕신은 두 손에 다소곳이 수저를 들고 있었고, 남자 조왕신은 한 손으로 허리를 짚고, 한

손에는 막사발을 들고 있었다.

윤아는 마침내 참고 참았던 것을 물었다.

"그런데 조왕신님은 여자예요, 아니면 남자예요?"

여자 조왕신과 남자 조왕신이 차례로 말했다.

"난 여자도 되고 남자도 되지요."

"신들은 남녀 성별이 없다는 거 몰라?"

윤아는 고개를 끄덕이며 마당으로 나갔다.

우물신의 마법

우물 뚜껑은 굳게 닫혀 있었다. 그런데 가만히 들여다보니 우물 안에서 이상한 소리가 새어 나오고 있었다. 윤아는 우물 뚜껑을 살짝 밀어 보았다. 그러자 우물 안에서 철썩거리는 물소리가 들려 왔다.

윤아는 우물 뚜껑을 열고 안에 대고 소리쳤다.

"거기 우물신 계시죠? 어서 나오세요."

그러자 갑자기 우물에서 물줄기가 확 솟구쳐 올라왔다. 윤아는 깜짝 놀라 뒷걸음질을 쳤다. 분수처럼 솟아오른 물은 점점 형태가 갖춰지면서 뭔가로 변했다. 자세히 들여다보니 키가 큰 사람 모습이 드러났다. 우물신 몸에서 물이 뚝뚝 떨어졌다.

"어휴, 숨막혀 죽는 줄 알았네. 날 꺼내 줘서 고맙다."

우물신이 윤아를 내려다보며 말했다. 윤아는 우물신이 무섭기보다 신기했다.

우물신이 뽐내듯 말했다.

"이제 내가 저 우물에서 오백 년 동안 갈고 닦았던 속셈법을 세상에 선보일 날이 왔어."

"속셈법이라고요?"

윤아는 놀라서 우물신을 올려다보았다. 우물신이 윤아를 내려다보며 말했다.

"너 계산은 잘하니?"

윤아는 우물쭈물거리다가 겨우 말했다.

"솔직히 자신이 없어요."

우물신이 활짝 웃으며 말했다.

"그럴 줄 알고 내가 오백 년 동안 속셈법을 연구한 거다. 너 구구단은 외우니?"

우물신의 말에 윤아는 입을 삐죽 내밀었다.

"그것도 못 외우면 바보죠. 전 벌써 유치원 때 다 외웠는걸요?"

"7 곱하기 8은 뭐야?"

윤아는 비웃듯이 말했다.

"56."

"넌 구구단을 외워서 자동으로 답이 나오는 거야. 두 자리, 세 자리 수 이상 곱하기가 나오면 마구 헤매지?"
"그래서 시험 볼 때는 계산기를 사용하도록 해야 한다니까요."
우물신이 자신만만한 표정으로 말했다.
"계산기가 없어도 얼마든지 두 자리 수, 세 자리수를 빠르게 계산할 수 있는 방법이 있어."
"정말이에요?"
우물신은 물로 땅에 숫자를 썼다.

"이제부터 구구단을 안 외우고도 곱셈을 하는 법을 가르쳐 주지. 일단 7 곱하기 8의 계산법을 알려 줄게. 일단 10에서 7을 빼면 3이 남지? 또 10에서 8을 빼면 2가 남을 거야. 3과 2를 머릿속에 놔두고, 대각선으로 빼 봐. 즉, 7 곱하기 8에서 7의 대각선에는 2, 8의 대각선에는 3을 놔두고 7에서 대각선에 있는 2를 빼면 5가 되지? 그 5를

십의 자리에 놓고 나머지 3 곱하기 2하면 6이잖아. 그 6을 일의 자리에 놔. 그러면 답은 56이 되지."

우물신이 땅에 적어 놓은 것을 본 윤아는 실망한 표정으로 말했다.

"뭐가 이렇게 복잡해요? 차라리 그냥 외워서 하는 게 낫겠어요."

우물신은 고개를 절래절래 흔들며 말했다.

"천만의 말씀. 두 자리 수 곱셈일 때는 이것보다 쉬운 곱셈이 없어. 너 96 곱하기 97을 5초 안에 대답해 봐."

윤아는 고개를 흔들었다.

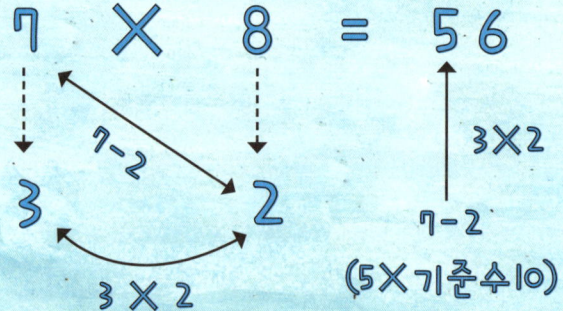

"내가 천재도 아니고 어떻게 5초 안에 대답해요?"

"내가 가르쳐 주는 대로 하면 할 수 있어. 잘 봐."

우물신이 적어 놓은 풀이 과정을 본 윤아는 깜짝 놀랐다.

"진짜네요. 정말 놀라워요."

우물신은 땅에 다른 문제를 계속 적었다.

"좋아, 그럼 다음 문제를 한 문제당 5초 안에 풀어 봐."

윤아는 우물신이 가르쳐 준 방법으로 곱셈을 해 보았다. 그랬더니 정말 한 문제당 5초도 안 걸려서 풀었다. 아무리 생각해도 신기했다.

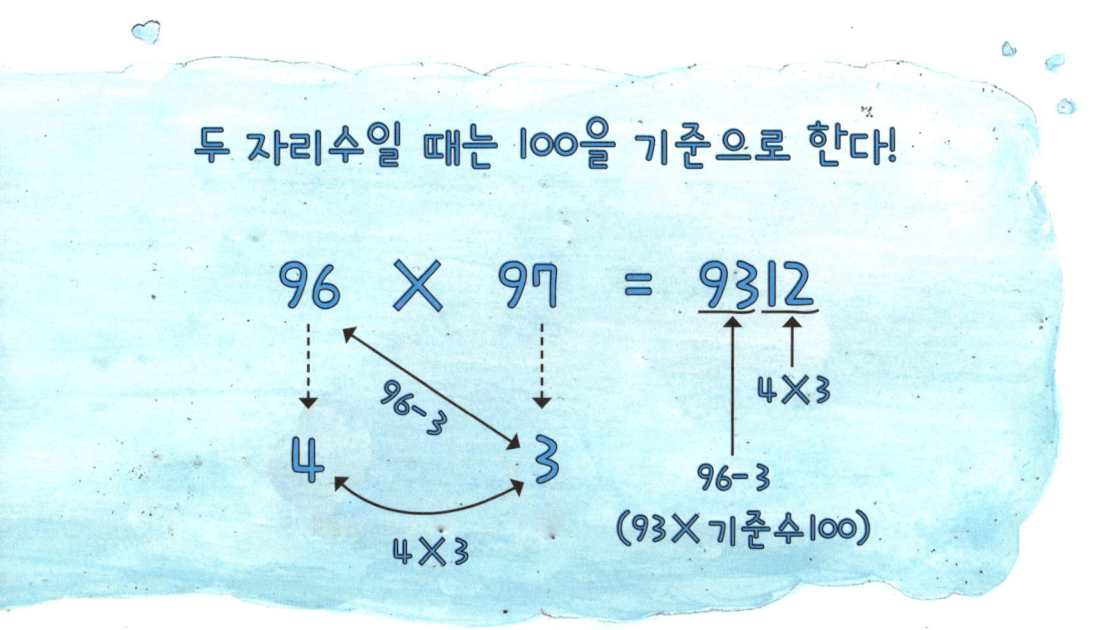

우물신은 다시 땅바닥에 물로 곱셈을 썼다.

"참, 아까 설명을 안 한 게 있는데. 기준수에서 뺄셈을 할 때 음수가 나오면 마이너스를 붙여라. 그 둘을 곱하면 돼. +와 -를 곱하면 -가 되는 건 알고 있지? +와 +를 곱하면 +, -와 -를 곱하면 +, +와 -를 곱하면 -."

"에이, 그건 알아요. 조용히 좀 해 보세요."

윤아는 땅바닥에 적힌 문제를 우물신이 가르쳐 준 방법대로 풀기 시작했다.

윤아가 놀란 얼굴로 우물신을 바라보자, 우물신이 입에서 물방울을 튕겨 가며 열심히 말했다.

이럴 때는 기준수를 20으로!

$$18 \times 21 = \underline{380} + (-2) = 378$$

$$\downarrow \qquad\qquad \downarrow$$

$$2 \qquad (-1) \qquad 19 \times 기준수\ 20$$

18-(-1)=19

2 × (-1) = -2

"이렇게 기준수를 두고 곱셈을 하면 금세 문제를 풀 수 있어. 기준수는 10이나 100뿐만 아니라 20, 30, 50, 200, 500 등 문제에 따라 자유롭게 할 수 있지. 기준수 20인 두 자리수 곱셈 하나만 더 해 볼래?"
윤아는 자기도 모르게 큰 소리로 대답했다.
"예."

$$15 \times 17 = 240 + 15 = 255$$
$$16 \times 25 = 420 - 20 = 400$$
$$26 \times 24 = 600 + 24 = 624$$

그러자 이번 문제도 한 문제당 5초도 안 돼 풀었다.

윤아는 수학이 점점 재미있었다. 이렇게 재미있는 과목인 줄 왜 진작 몰랐을까.

윤아는 우물신이 내주는 문제를 계속 풀었다. 나중에는 기준수 50이나 200짜리도 풀었다. 점점 계산 문제를 많이 풀자, 푸는 속도도 빨라졌다. 학교 선생님이 초등학교 수학의 기본은 계산력이라고 말했던 게 생각났다. 계산을 빠르고 정확하게 익히는 게 가장 중요하다고 선생님은 입이 마르도록 말씀하셨다.

윤아는 이런 계산법이 재미있었다.

"다른 건 없어요? 또 가르쳐 주세요."

우물신이 깔깔 웃고 나서 말했다.

"좋아, 이제야 네가 관심이 가는 모양이구나."

우물신은 물이 뚝뚝 흐르는 손가락으로 우물 벽에 숫자를 썼다.

"이거 계산해 봐."

윤아는 한참을 계산했다. 우물신이 참다 못해 말했다.

"99는 100에서 1을 빼면 되잖아. 그러니까 100×13을 해. 답이 뭐냐, 바로 1300이잖아. 여기서 13을 빼란 말야. 그럼 1287이잖아."

윤아는 멍한 표정으로 우물신을 보고 있었다. 아까부터 마술을 보는 것처럼 정신이 멍했다.

"곱셈은 말야, 이렇게 머리를 조금만 쓰면 계산기 없이도 얼마든지 빠르고 정확하게 할 수 있어."

그렇게 말하는 우물신 몸에서 물이 뚝뚝 떨어졌다. 그리고 우물신 몸도 점점 작아졌다.

눈이 따갑도록 뜨거운 햇빛이 내리쬐고 있었다. 우물신이 우물 벽에 써 놓은 숫자들도 어느새 햇빛에 말라 버렸다. 윤아는 목이 말랐다.

"우물신님. 제가 물을 좀 마셔도 될까요?"

"물론이지, 내가 지키고 있는 이 우물은 오백 년 동안 한 번도 마른 적이 없었어. 농사도 늘 풍년이었지. 내가 물을 잘 다스렸기 때문이야."

윤아는 우물에 두레박을 던져 물 한 바가지를 길어 올렸다. 두레박을 입에 대고 벌컥벌컥 물을 마셨다.
우물신이 물었다.
"어때? 맛있지?"
윤아는 얼굴을 잔뜩 찡그리며 물을 뱉어냈다.
"에이, 퉤퉤. 무슨 물맛이 이렇게 써요? 냄새도 고약하고. 혹시 우물물이 썩은 거 아니에요?"
우물신이 머리를 긁적이며 말했다.

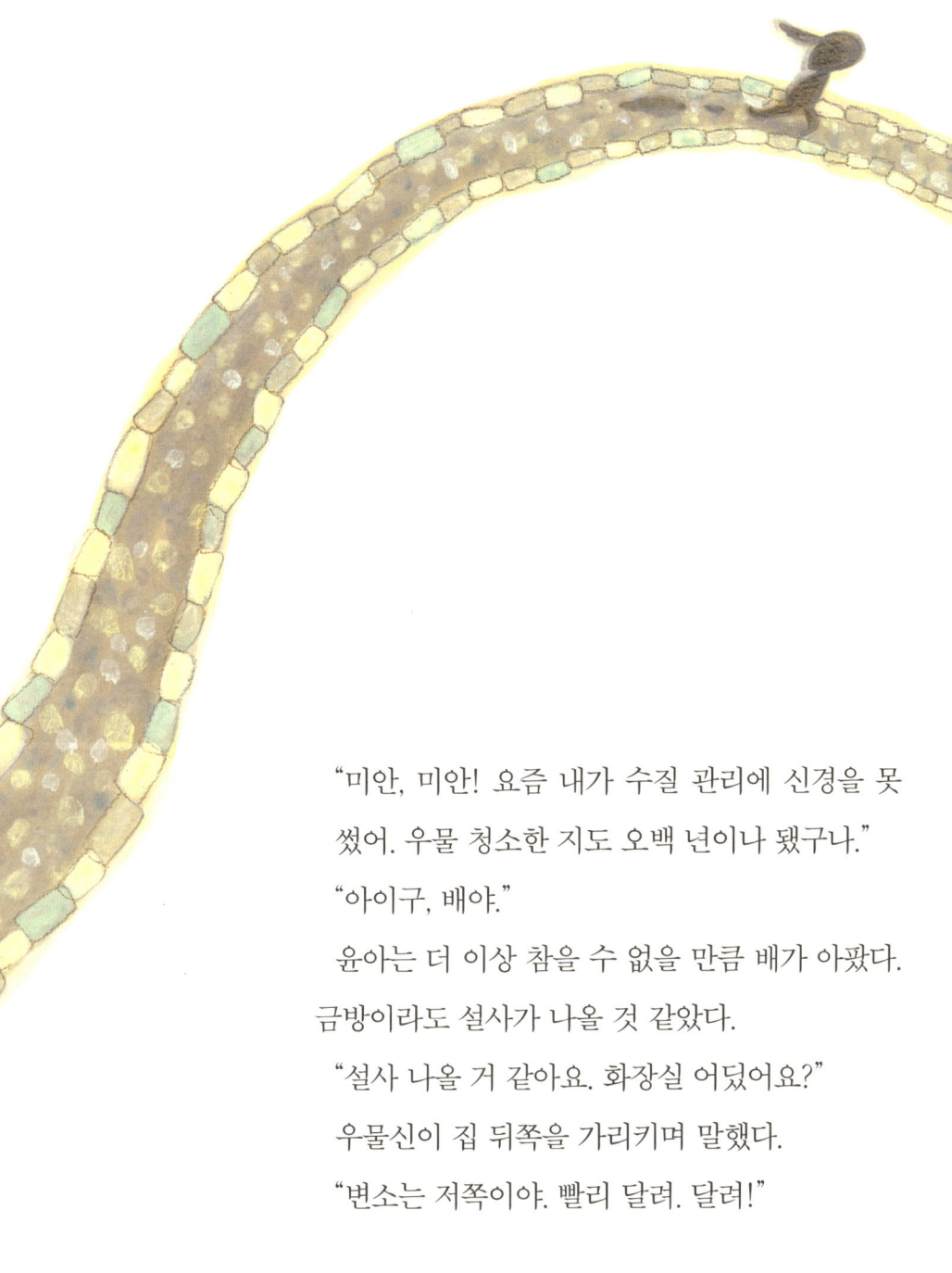

"미안, 미안! 요즘 내가 수질 관리에 신경을 못 썼어. 우물 청소한 지도 오백 년이나 됐구나."
"아이구, 배야."
윤아는 더 이상 참을 수 없을 만큼 배가 아팠다. 금방이라도 설사가 나올 것 같았다.
"설사 나올 거 같아요. 화장실 어딨어요?"
우물신이 집 뒤쪽을 가리키며 말했다.
"변소는 저쪽이야. 빨리 달려. 달려!"

빨간 휴지 줄까, 파란 휴지 줄까?

윤아는 빛의 속도로 화장실을 향해 달려갔다. 할머니 집에 올 때마다 가장 싫은 게 바로 화장실 가는 거였다. 윤아네 집은 아파트라서 화장실에서 냄새가 나지 않는다. 하지만 할머니 집은 재래식 화장실이라서 냄새가 고약할 뿐만 아니라 쪼그려 앉아서 똥을 누기도 힘들다.

하지만 지금은 그런 것을 따질 때가 아니다. 윤아는 나무로 만든 문을 열고 화장실 안으로 들어갔다. 냄새가 코를 찔렀다. 하지만 냄새에 신경 쓸 겨를이 없었다. 금방이라도 설사가 나올 것만 같았다. 바지를 내리고 시원하게 볼일을 봤다. 그러자 배가 씻은 듯이 나았다.

똥을 다 누고 났더니 그제야 휴지가 없는 게 생각났다.

'어쩌지? 너무 급해서 휴지를 안 가지고 왔어. 엄마야, 어떡해.'

윤아는 울고 싶었다. 집에서는 화장실에 휴지가 없으면 엄마를 부르면 됐다. 언제든 엄마가 있으니까 휴지를 갖다 달라고 하면 갖다 주

었다. 그런데 여기서는 엄마를 부를 수도 없다.

　엄마 생각이 났다. 아무리 잔소리꾼 엄마라도 꼭 필요하거나 급할 때는 슈퍼우먼처럼 짠 하고 나타나 도와주곤 했다. 엄마 잔소리를 싫어했는데 지금 생각하니, 엄마 잔소리까지 그립다.

　'엄마가 잔소리하는 건 다 내가 잘못했기 때문이야. 내가 잘하면 엄마가 잔소리할 이유도 없었을 텐데. 엄마…… 보고 싶어.'

　엄마 생각을 하자 윤아는 마음이 울컥해졌다.

　'그동안 못되게 굴어서 미안해. 다시는 안 그럴게.'

　눈물이 뺨을 타고 주르륵 흘러내렸다. 엄마가 너무나 보고 싶었다.

　바로 그때였다.

　"빨간 휴지 줄까, 파란 휴지 줄까?"

　얇고 가녀린 여자 목소리가 들려왔다. 윤아는 깜짝 놀라 뒤를 돌아다 보았다. 머리를 길게 풀고 소복을 입은 여자가 한 손에는 빨간 휴지를, 한 손에는 파란 휴지를 들고 서 있었다.

　윤아는 대뜸 말했다.

　"파란 휴지 주세요."

　그러자 그 여자가 깜짝 놀라서 물었다.

　"너, 나 안 무서워? 지금까지 나보고 기절 안 한 사람이 없는데? 나 변소 각시야."

윤아는 손을 내밀었다.

"아줌마가 뭐가 무서워요? 빨리 휴지나 주세요."

변소 각시가 심통맞은 표정으로 빨간 휴지를 내밀었다.

윤아는 빨간 휴지를 받았다.

"분명히 파란 휴지 달라고 했을 텐데요, 아줌마?"

변소 각시가 화를 벌컥 냈다.

"나 참, 기가 막혀서. 난 분명히 파란 휴지 줬어. 그리고 나 아줌마 아니거든?"

윤아는 어이가 없었다. 분명히 빨간 휴지를 줘 놓고, 파란 휴지를 줬다고 우기다니. 윤아는 하는 수 없이 빨간 휴지를 받아 뒤처리를 하고 일어났다.

변소 각시는 또 따지듯이 말했다.

"변소 각시님이라고 불러."

"그런데요, 여긴 냄새가 나니까 밖에 나가서 얘기해요."

윤아가 변소 문을 열자 변소 각시가 얼굴을 찡그렸다.

"햇볕 쬐면 얼굴 탄단 말야. 자외선 차단제도 없는데."

윤아는 귀찮다는 표정으로 말했다.

"머리카락으로 가리면 되잖아요."

윤아를 따라 밖으로 나온 변소 각시는 들고 있던 빨간색과 파란색

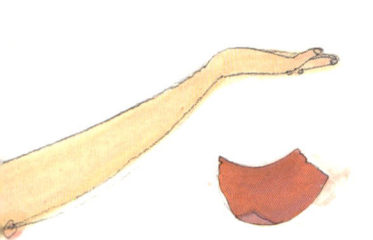

종이로 햇볕을 가렸다. 그런데 이상하게 파란색 휴지가 빨간색 휴지로 바뀌었다.

"어떻게 된 거예요? 왜 휴지 색깔이 자꾸 바뀌죠?"

변소 각시가 휴지를 내려다보며 말했다.

"이건 요술 휴지야. 이 파란색 휴지 1장이 5초 후에는 파란색 휴지 2장과 빨간색 휴지 1장으로 바뀌거든. 그리고 5초가 더 지난 10초 후에는 빨간색 휴지도 두 배로 늘어나지.

내가 지금 파란색 휴지 1장과 빨간색 휴지 1장씩 갖고 있어. 그런데 처음으로 휴지가 1,000장이 넘게 되면 나는 다시 변소로 돌아가서 변소에 휴지를 놓고 와야 해. 몇 초 뒤에나 1,000장이 넘을까?"
윤아는 곰곰이 생각해 보았다.

윤아는 땅에 써 보았다.

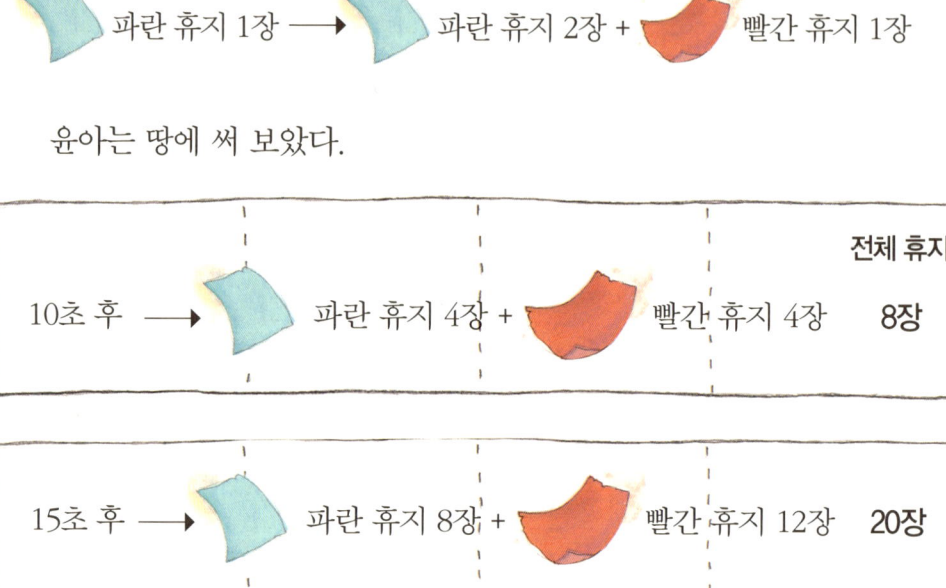

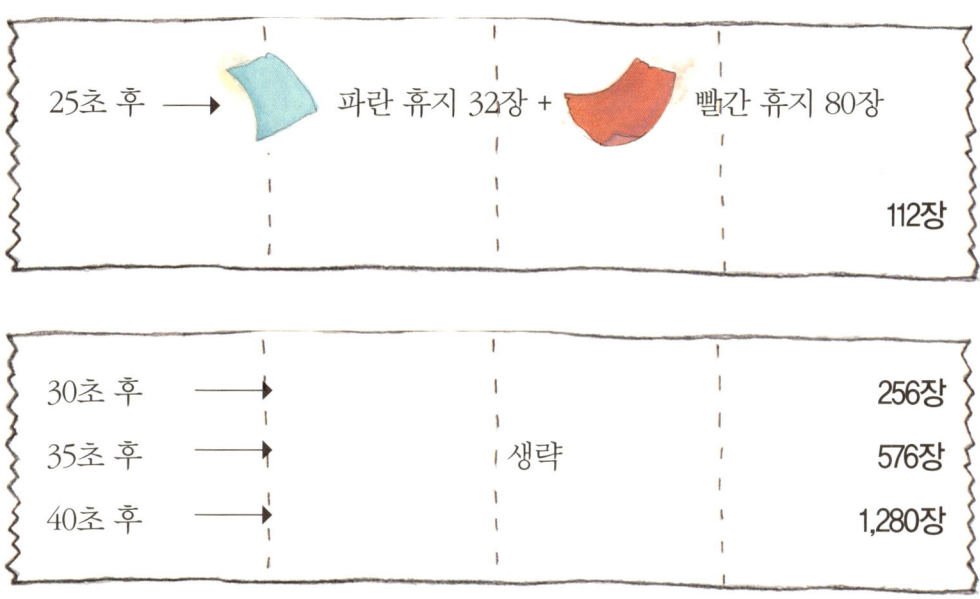

윤아는 뭔가 알아냈다는 듯이 밝게 웃으며 말했다.

"지금으로부터 40초 후에 1,280장으로 바뀔 거예요."

변소 각시가 놀란 얼굴로 물었다.

"어떻게 그렇게 빨리 계산했지? 난 오백 년 동안 계산해도 못 했는데."

윤아는 변소 각시를 비웃듯 씨익 웃고 나서 말했다.

"파란 종이는 5초마다 두 배씩 늘어나잖아요. 10초에 4장, 15초에 8장, 20초에 16장, 25초에 32장, 30초에 64장, 35초에 128장 40초에 256장. 그리고 파란 종이 1장은 5초마다 빨간 종이 1장을 만들어 내며, 빨간 종이는 5초마다 2배로 늘어나서……."

갑자기 변소 각시가 엄청나게 늘어난 휴지를 들고 변소 안으로 뛰어들어갔다.

"이거 놓고 다시 나올게. 기다려."

변소 각시가 빈 손으로 나왔다. 하지만 웬일인지 변소 각시는 잔뜩 화가 난 표정이었다.

"너 마음에 안 들어. 왜 이렇게 수학을 잘하는 건데?"

"잘하는데 왜 마음에 안 들어요?"

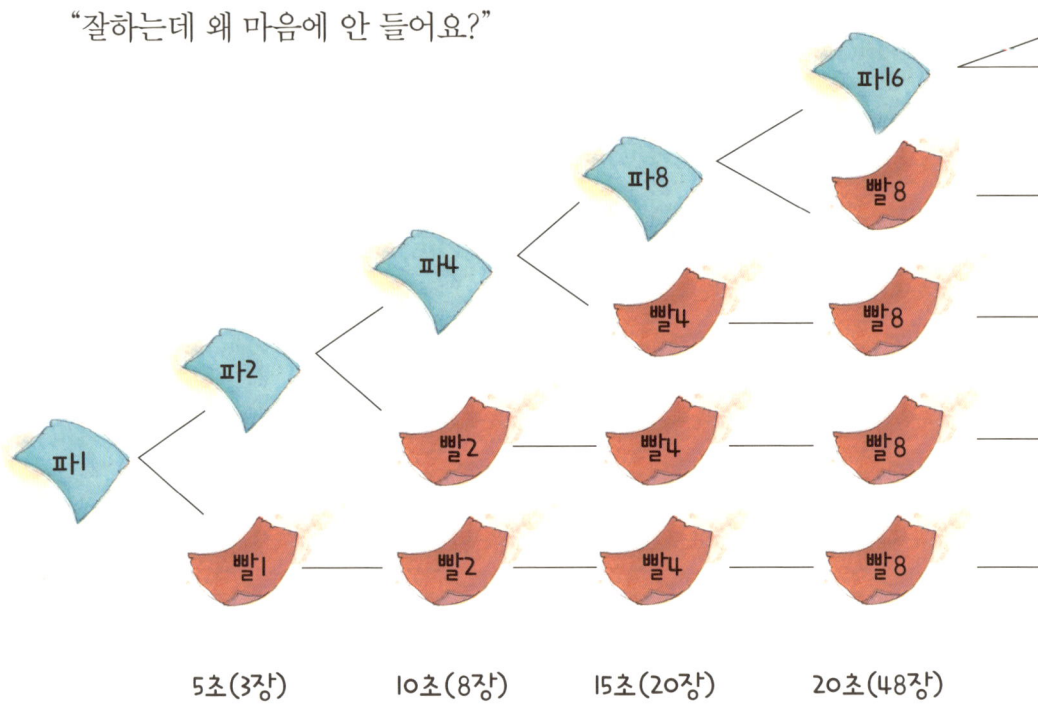

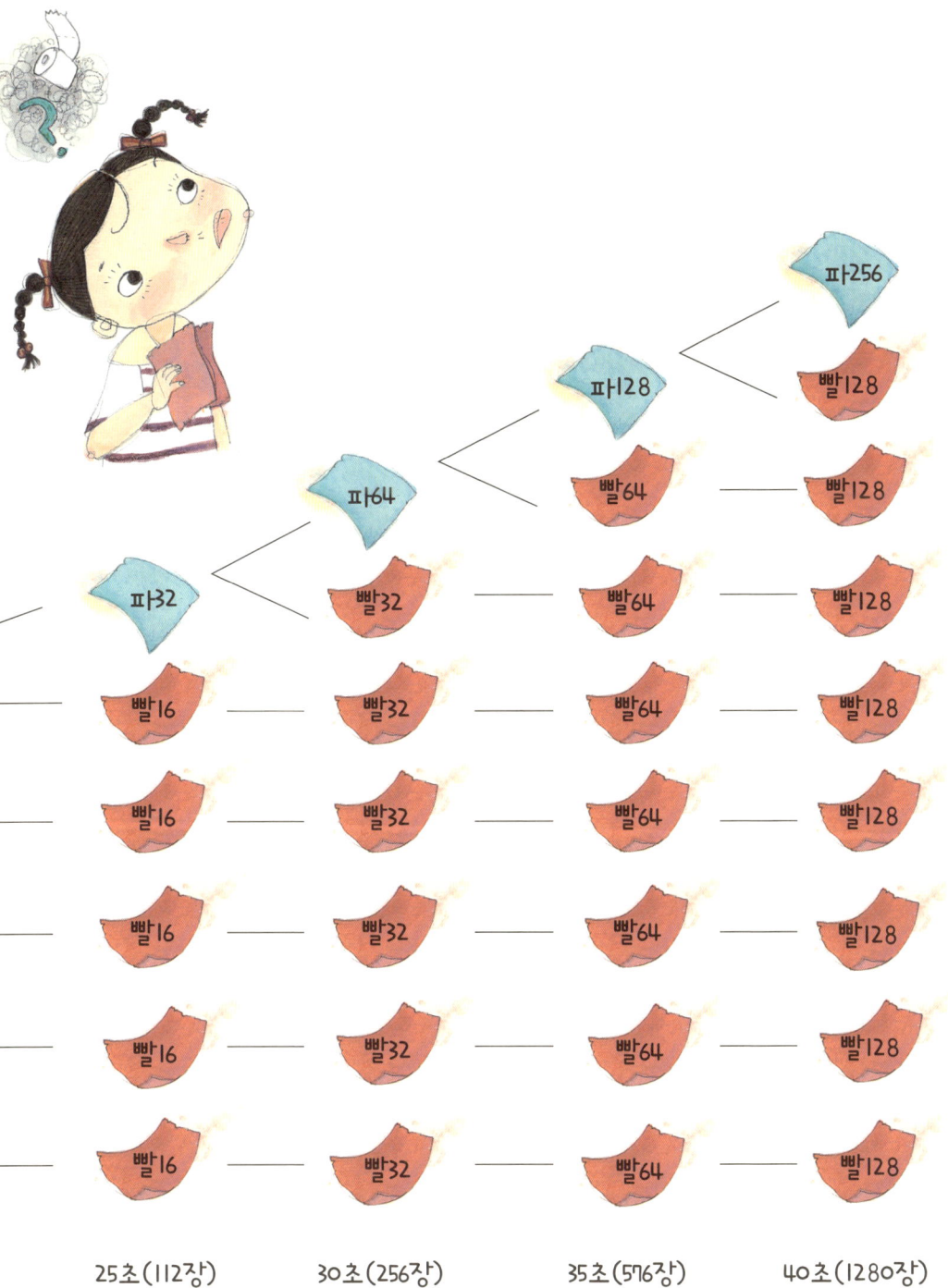

25초(112장)   30초(256장)   35초(576장)   40초(1280장)

"몰라몰라. 하여튼 기분 나빠. 신경질 나 죽겠어."

윤아는 변소 각시의 성격이 무척이나 예민하다는 것을 알았다. 얼굴도 가만히 보니 계속 찡그리고 있고, 한번도 웃어 주지 않았다.

'아마 평생 냄새나는 변소에서 살아서 성격도 저렇게 변했나 봐.'

그렇게 생각하자 윤아는 변소 각시가 조금 가여워졌다. 다른 신들은 다들 좋은 자리를 차지하고 있는데 하필이면 저렇게 젊고 예쁜 언니가 냄새나는 변소에 평생을 있어야 하다니!

그때 변소 각시가 머리카락을 뒤로 쓸어넘겼다. 그러자 하얗고 길다란 목덜미가 드러났다. 윤아는 변소 각시를 빤히 올려다보았다. 자세히 보니 창백한 얼굴과 긴 목덜미가 무척이나 아름다웠다.

"이렇게 아름답게 생기신 분이 어쩌다 냄새나는 변소에서 살게 됐어요?"

윤아의 말에 변소 각시는 감동을 받았다. 특히 '이렇게 아름답게 생기신 분'이라는 말에 기분 나빴던 것도 깨끗이 잊어버리고 말았다.

"이렇게 구질구질한 변소에서 살기에는 내 미모가 조금 아까워. 그

렇지?"

"그렇고말고요."

"너 이제 보니 수학 문제도 잘 풀고 아주 똑똑하구나. 역시 우리 신들을 대표할 만한 인재야."

윤아와 변소 각시는 계속 서로를 칭찬했다.

변소 각시는 아까 변소에서 놀라게 했던 거 미안하다고 사과했고, 윤아는 오히려 놀라지 않아서 미안하다고 사과했다. 변소 각시는 윤아에게 너처럼 똑똑한 여자애는 처음 본다면서 칭찬했고, 윤아도 변소 각시에게 당신처럼 아름답게 생긴 귀신도 없을 거라고 추켜세웠다.

둘은 한참 동안 입에 침이 마르도록 서로를 칭찬했다. 한참 변소 앞에서 변소 각시와 얘기를 나누고 있는데 마루 쪽에서 성주신의 고함 소리가 들려왔다.

"다들 집합! 모두들 헛간으로 모여."

변소 각시가 잊고 있었다는 듯 말했다.

"아 참, 내 정신 좀 봐. 헛간으로 모이라고 했는데. 빨리 가자."

윤아와 변소 각시는 헛간으로 달려갔다. 윤아가 자세히 보니 변소 각시는 발이 땅에 닿지 않고 미끄러지듯이 허공을 달렸다.

대문에 붙어 있던 호랑이 그림 속에서 호랑이가 뛰쳐나왔다. 대문 신이었다. 우물에 있던 우물신도 윤아 뒤를 따라왔고, 터줏대감도 흙을 뚝뚝 떨어트리며 땅에서 기어 나왔다. 부엌에서는 조왕신도 앞치마를 휘날리며 뛰어왔고, 안방에서는 삼신할미가 지팡이를 짚고 나왔다. 마루에 있던 성주신은 마루가 쿵쿵 울릴 정도로 요란하게 뛰어내려왔다.

헛간에 모인 신들

헛간에는 오래된 물건들이 잔뜩 쌓여 있었다. 대부분 오랫동안 쓰지 않고 놔둬서 녹이 슬거나 못 쓰게 된 농기구들이었다.

신들이 헛간 안으로 하나둘 들어왔다. 신들이 모두 모이자 헛간 안이 꽉 찼다. 그중에 윤아만 유일하게 인간이었다.

성주신이 신들을 둘러보며 말했다.

"빠진 신 없습니까?"

신들이 서로 주위를 두리번거렸다. 오랜만에 만난 신들은 안부 인사를 나누느라 정신이 없었다.

바로 그때 문이 삐그덕 소리를 내며 열렸다. 조금 열려진 문 틈으로 커다란 뱀 한 마리가 들어왔다. 뱀을 보자 윤아는 비명을 질렀다.

"엄마야."

윤아는 귀신은 무서워하지 않아도 뱀은 무서워했다.

뱀은 차르륵차르륵 소리를 내며 신들 가까이 기어왔다. 윤아는 우물신 뒤에 가서 숨었다. 하지만 우물신 몸은 물로 되어 있어 뒤에 가서 숨어도 뱀이 보였다. 이번에는 삼신할미 뒤에 가서 숨었다. 삼신할미는 몸이 너무 작아 숨어도 뱀이 보였다. 그러자 이번에는 터줏대감 뒤로 가서 숨었다. 다행히 터줏대감은 몸이 아주 커서 그제야 뱀이 보이지 않았다.

성주신이 뱀을 보더니 반가운 얼굴로 말했다.

"업신은 역시 행동이 느리군요."

뱀이 꼬리를 차르륵차르륵 흔들며 말했다.

"최대한 빨리 오려고 했는데 제가 여러 신들에게 선물을 준비해 오느라 좀 늦었습니다."

선물이라는 말에 변소 각시가 활짝 웃으며 물었다.

"어머, 무슨 선물인가요?"

성주신이 터줏대감 뒤에 숨어 있는 윤아에게 말했다.

"참, 윤아야. 인사해라. 이분은 집안의 재산이 밖으로 나가지 못하도록 지켜 주는 업신이시다. 주로 지붕에서 살고 있지."

윤아는 터줏대감 뒤에서 고개를 빼꼼히 내밀고 말했다.

"뱀이 무슨 신이에요. 난 뱀 싫어해요. 무섭단 말이에요."

업신이 쓸쓸한 얼굴로 말했다.

"다들 나를 보면 무서워하거나 징그럽다고 피하죠. 그것이 내 운명인 걸 어쩌겠어요. 미안하다. 이렇게 생겨 먹어서."

윤아는 업신에게 조금은 미안한 마음이 들었다. 하지만 그래도 싫은 건 싫은 거였다.

성주신이 윤아에게 말했다.

"업신은 널 절대로 해치지 않을 테니 이리 나와라."

윤아는 겨우 터줏대감 뒤에서 앞쪽으로 걸어나왔다. 하지만 업신 쪽은 바라보지 않았다.

변소 각시가 졸랐다.

"선물 가져왔다면서요. 뭐예요? 다이아몬드? 명품 가방? 난 진품 아니면 안 받는데."

업신이 씨익 웃으며 말했다.

"보석보다 더 소중한 거죠. 여기 있습니다."

업신이 목에 걸려 있는 세 개의 작은 항아리를 내려놓았다. 각각

의 항아리에는 좁쌀처럼 작은 노란색 알갱이와 파란색 알갱이, 검은색 알갱이가 들어 있었다.

변소 각시가 작은 항아리를 들여다보며 호들갑을 떨었다.

"어머나, 이건 내가 좋아하는 향기나군요. 달고나도 있고 올해에는 힘이나도 있네요."

윤아는 변소 각시가 무슨 말을 하는지 몰라 어리둥절한 표정으로 항아리에 들어 있는 작은 알갱이를 내려다보았다.

업신이 혀를 낼름거리며 말했다.

"노란색 향기나는 한 알만 먹으면 몸에서 향기가 나고 파란색 알갱이 달고나는 한 알만 먹으면 입안이 달콤해져서 군것질이 필요없고, 검은색 힘이 나는 한 알만 먹으면 저절로 힘이 불끈 솟는단다. 이건 내가 오백 년 동안 숨어서 나만의 비법으로 만든 내 전매특허품이지."

신들은 저마다 침을 꼴깍 삼켰다. 업신이 신들을 둘러보더니 말했다.

"올해에는 향기나가 24개, 달고나가 40개, 힘이나가 56개입니다. 자, 이것을 신들에게 골고루 나눠 드려야 하는데 어떻게 나눠야 모두에게 똑같이 나눠 드릴 수가 있을까요?"

신들이 모두 고개를 갸우뚱거렸다.

변소 각시가 짜증섞인 목소리로 말했다.

"에이, 왜 이렇게 복잡하게 만들었어요? 그냥 다같이 나눠 먹기 쉽게 만들지 않고."

업신이 난처한 표정으로 말했다.
"이것도 최선을 다해서 만든 거랍니다. 더 이상은 시간과 재료가 부족해서 만들 수 없었어요."
성주신이 나섰다.
"자자, 그러지 말고 이것을 우리가 공평하게 나눌 수 있는 방법을 연구해 봅시다. 업신을 빼고 윤아까지 합쳐서 모두 여덟 명이니까 몇 개씩 나눠야 하나?"
신들이 머리를 맞대고 궁리하기 시작했다. 윤아가 숯 하나를 들더니 벽에 식을 쓰기 시작했다.

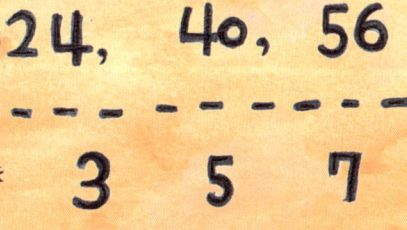

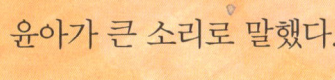

윤아가 큰 소리로 말했다.
"간단해요. 향기나는 3개씩, 달고나는 5개씩, 힘이나는 7개씩 나누면 돼요."
신들이 동시에 윤아를 보았다.

성주신이 놀란 얼굴로 물었다.

"그걸 어떻게 알았지?"

윤아는 자신 있게 대답했다.

"24, 40, 56은 2로 나누면 12, 20, 28이 돼요. 4로 나누면 6, 10, 14가 되고요. 하지만 신들과 나까지 합치면 8이잖아요. 그래서 8로 나눴더니 각각 3, 5, 7이 나왔어요. 만약 두 명이 나눠 먹으려면 12개, 20개, 28개씩 나눠 먹어야겠죠. 4명이 나눠 먹으려면 6개, 10개, 14개씩 나눠 먹으면 되고요."

윤아의 설명을 신들은 넋을 놓고 듣고 있었다.

업신이 활짝 웃는 얼굴로 말했다.

"윤아는 이제 막 최종 시험을 통과했답니다. 축하해, 윤아야."

신들이 일제히 박수를 쳤다. 윤아는 어리둥절한 표정으로 신들을 둘러보았다. 성주신이 말했다.

"그래, 이건 우리가 널 시험한 거야. 넌 이제 약수와 공약수, 최대공약수까지 모두 알게 됐어."

윤아는 눈을 동그랗게 뜨고 물었다.

"약수는 뭐고 공약수나 최대공약수는 또 뭐예요?"

조용히 있던 여자 조왕신이 말했다.

"약수란 나누어 떨어지는 수를 말해요. 잘 봐요."

여자 조왕신이 바닥에 숯으로 쓰기 시작했다.

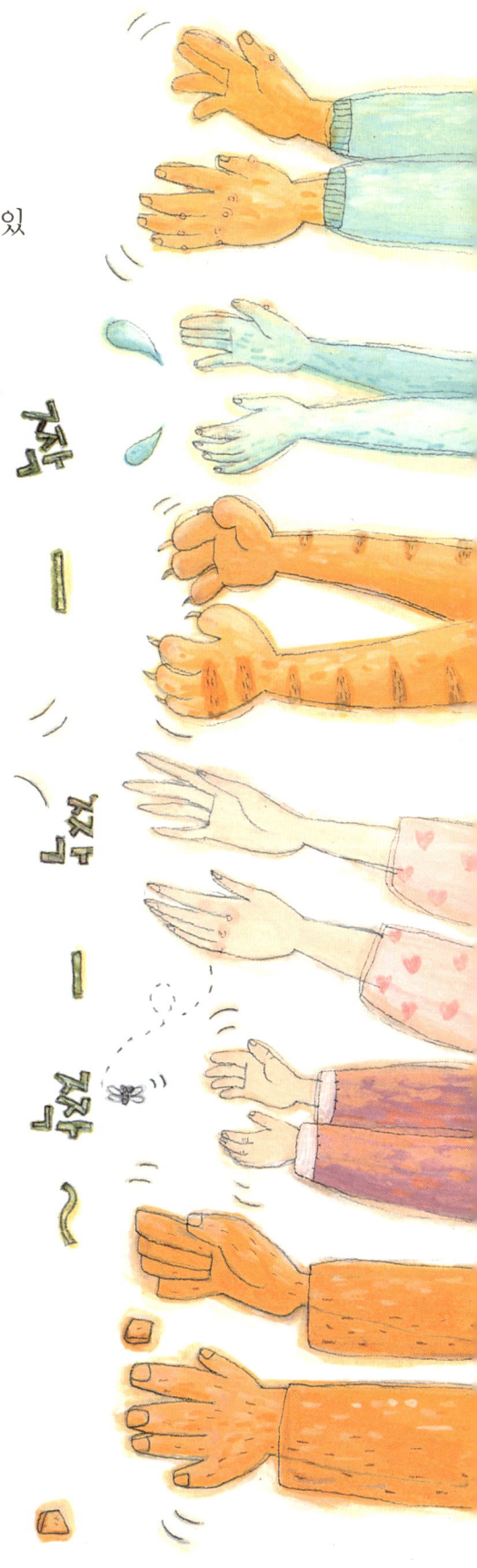

$$24 \div 1 = 24$$
$$24 \div 2 = 12$$
$$24 \div 3 = 8$$
$$24 \div 4 = 6$$
$$24 \div 24 = 1$$

이번에는 남자 조왕신이 말했다.
"여기서 1, 6, 8, 12, 24를 약수라고 해."
여자 조왕신이 조근조근한 목소리로 말했다.
"위에서 24, 40, 56에 공통으로 들어가는 약수를 찾아봐요. 24, 40, 56을 동시에 만족시키는 약수는 1, 2, 4, 8이죠. 이것이 바로 공약수예요. 이 중에서 8이 가장 큰 수이고, 이 수를 최대공약수라고 하죠."
윤아는 조왕신의 설명을 듣고 고개를 끄덕였다. 이렇게 설명을 들으니 머리에 쏙쏙 박히는 것 같았다. 그때 갑자기 성주신이 심각한 얼굴로 말했다.
"이제 결전의 시간이 오늘 밤으로 다가왔습니다. 오늘 밤 우리는 이 집에서 쫓겨나느냐, 이 집을 지켜 내느냐 그 기로에 서 있습니다. 다행이 십이년 전에 삼신할미가 오늘을 위해 세상에 내보냈던 구세주가 우리 앞에 나타났습니다."

윤아는 당황해서 어쩔 줄을 몰라했다.

성주신이 큰 소리로 말했다.

"윤아가 우리를 지켜 줄 것입니다. 우리에게는 윤아가 있습니다."

윤아는 쥐구멍이라도 있으면 들어가고 싶은 심정이었다.

"잠깐만요."

당황해하던 윤아가 갑자기 정색을 하고 말했다.

"난 수학을 못해요. 이길 자신이 없어요."

신들이 윤아를 보았다. 삼신할미가 눈을 동그랗게 뜨고 말했다.

"넌 우리의 모든 시험을 통과했어. 지금까지 우리 시험을 통과한 인간은 한 명도 없었어."

"무슨 시험요?"

그러자 대문신이 처음으로 입을 열었다.

"우리는 오랫동안 우리를 대표해서 황장군과 대결할 인간을 기다려 왔어. 몇몇 인간이 이곳을 다녀갔지. 하지만 그들은 모두 우리 시험을 통과하

지 못했어. 넌 대문도 무사통과했고, 터줏대감, 성주신, 삼신할미, 조왕신, 우물신, 변소 각시의 시험을 모두 통과했어. 방금 마지막 시험도 통과했잖아. 너처럼 수학을 잘하는 인간은 오백 년만에 처음이야."

다른 신들이 그 말에 동의한다는 듯이 고개를 끄덕였다.

윤아는 자신이 생각해도 이상했다. 평소에는 정말 수학을 싫어하고, 또 잘하지 못했는데 이상하게 이 집에 들어와서는 문제가 술술 풀렸다. 마치 마법에라도 걸린 것처럼.

하지만 그렇다고 신들을 대신해서 대결에 나갈 수는 없었다. 무엇보다 할머니가 걱정이었다.

"전 지금 돌아가야 해요. 내가 안 돌아오면 할머니가 걱정하신단 말이에요."

그 말이 끝나자마자 어디선가 바람 한 줄기가 휙 불어오더니 윤아의 머리카락이 흩날렸다. 머리카락이 뽑힌 것처럼 머리가 따끔했다.

성주신이 말했다.

"걱정하지 마. 우리에게 방법이 있으니까. 머리카락 한 올 실례했어."

성주신이 긴 머리카락 한 개를 흔들어 보였다. 윤아 머리카락이었다. 삼신할미가 머리카락에 후, 입김을 불자 눈 깜짝할 사이에 윤아 옆에 윤아와 똑같은 아이가 한 명 서 있었다. 윤아는 놀라서 뒷걸음질을 치며 물었다.

"넌 누구야? 왜 나랑 똑같아?"

그러자 그 아이도 윤아와 똑같은

말을 했다.

"넌 누구야? 왜 나랑 똑같아?"

삼신할미가 윤아와 윤아랑 똑같이 생긴 아이를 번갈아 보더니 말했다.

"내 솜씨 어떠냐? 똑같지? 얘가 너 대신 할머니한테 갈 거니까 걱정하지 마."

삼신할미가 그 아이에게 뭐라고 귓속말을 하자 그 아이는 고개를 끄덕이더니 곧장 헛간 문을 열고 나갔다.

윤아는 조금 안심이 됐다.

삼신할미가 말했다.

"역시 넌 이 삼신할미의 걸작품이야. 이제야 고백하지만 네 간은 다른 애들보다 더 커. 왠지 알아? 내가 크게 만들어 줬거든. 그래서 넌 무서움을 안 타는 거야."

"맞아요, 생각해 보니까 전 지금까지 한 번도 무서움을 타 본 적이 없어요."

변소 각시가 머리를 쓸어올리며 말했다.

"그건 맞아요. 세상에, 변소에서 날 보고 안 놀라는 인간은 처음 봤다니까요."

삼신할미가 뽐내듯 말했다.

"그게 다 이 삼신할미 덕분이지."

"그럼 한 가지만 물어봐도 돼요?"

윤아는 진지한 표정으로 신들을 둘러보았다. 모두가 정색을 하고 윤아를 보았다. 윤아는 지금까지 참고 있었던 것을 물어보았다.

"내가 만약 잡귀신들을 물리치면 우리 집을 다시 찾을 수 있나요?"

신들이 눈을 껌벅이며 서로 얼굴만 바라보았다. 윤아가 하는 말이 어떤 의미인지 잘 모르겠다는 표정들이었다. 윤아는 자동차 안에서 아빠에게 들었던 얘기를 꺼냈다. 그러자 성주신이 유난히 큰 목소리로 말했다.

"아하, 집. 그 얘길 안 해 줬구나. 당연히 찾을 수 있고말고."

"정말이에요?"

윤아는 믿을 수가 없었다. 집을 다시 찾게 되다니, 그렇게만 될 수 있다면 얼마나 좋을까?

터줏대감이 부드러운 미소를 지으며 말했다.

"잡귀신만 이 집에서 영원히 물러가면 너희 집은 안전할 거야. 우리 모두가 힘을 모아 너희 집을 지켜 줄 거다."

윤아는 활짝 웃으며 말했다.

"그럼 제가 잡귀신들을 물리쳐 보겠어요. 저한테 맡겨 주세요."

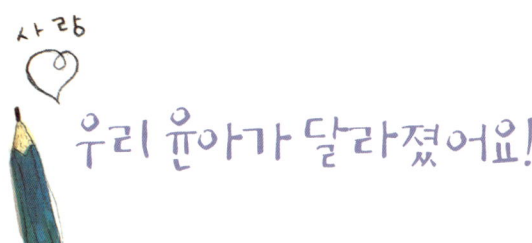

우리 윤아가 달라졌어요!

"윤아야, 윤아야!"

할머니와 아빠, 엄마는 윤아를 부르며 온 동네를 뒤지고 다녔다. 윤아가 없어진 지 벌써 세 시간이나 지났다.

아무리 찾아도 윤아가 보이지 않자 어른들은 걱정하기 시작했다. 엄마는 눈물까지 흘리며 어쩔 줄 몰라했다.

아무도 윤아가 집 뒤쪽으로 갔을 거라고는 생각하지 않았다. 할머니조차도 그쪽으로는 가 본 적이 없었다. 할머니는 아주 오래전 조상님들이 그곳에서 살 때, 집안에 안 좋은 일이 자주 일어나 그 집을 버리고 지금 살고 있는 새 집을 지었다는 얘기를 전해 들었다.

할머니가 뒷마당 쪽으로 가지 않는 이유가 하나 더 있다. 뒷마당 쪽에서 가끔씩 이상한 소리가 났다. 문짝이 덜컹거리는 소리, 뭔가 휙휙 지나가는 소리, 뭔가 떨어지는 소리……

아빠가 걱정이 가득한 눈빛으로 뒷마당 쪽을 보며 말했다.
"혹시 윤아가 저쪽으로 간 건 아닐까요?"
엄마가 놀란 얼굴로 소리쳤다.
"설마, 안 돼."
바로 그때 뒷마당 쪽에서 윤아가 걸어왔다. 윤아를 발견한 할머니는 윤아에게 달려가 와락 끌어안았다.
"윤아야."
할머니는 손녀가 죽었다가 살아 돌아온 것처럼 반가워했다. 할머니는 윤아를 부둥켜안고 눈물을 펑펑 쏟았다.

엄마도 달려와 윤아를 안았고, 아빠는 가슴을 쓸어내리며 안도의 한숨을 내쉬었다.

윤아는 방싯방싯 웃으며 말했다.

"할머니, 걱정 끼쳐 드려서 죄송해요. 배고파요. 밥 주세요."

윤아는 시골에 오면 밥을 잘 안 먹어서 할머니 속을 많이 썩였다. 그런 윤아가 갑자기 밥을 달라고 하자 할머니는 놀라 허겁지겁 밥상을 차렸다.

윤아는 정신없이 밥을 먹어 치웠다. 평소에는 고기가 없으면 밥을 안 먹었는데 김치 한 가지만으로도 어찌나 맛있게 먹는지 옆에서 보던 엄마, 아빠도 놀랐다. 그뿐만이 아니었다. 심지어는 한 그릇을 더 달라고 해서 두 그릇이나 깨끗이 비웠다.

할머니는 그런 윤아가 예뻐서 어쩔 줄 몰라했다.

"에고, 이쁜 내 새끼. 이렇게 밥 잘 먹으니 얼마나 좋아."

아빠는 윤아가 시골에 오니 밥맛이 좋아졌다고 생각했다. 하지만 엄마는 의심 가득한 눈빛으로 윤아를 보았다. 윤아는 어딘지 모르게 평소와 달라 보였다. 물론 생긴 것도, 입고 있는 옷도 분명히 윤아였다. 하지만 표정이나 하는 행동이 어딘지 모르게 낯설게 느껴졌다.

엄마는 마음속으로 생각했다.

'뭔가 달라졌단 말야. 그런데 그게 뭔지 모르겠어.'

밥을 다 먹은 윤아는 할머니 안마도 해 드리고, 방 청소도 하고, 심부름도 했다. 할머니는 달라진 윤아가 놀랍기도 하고 대견하기도 했다.

"너 정말 내 손녀 윤아 맞어?"

할머니는 방을 걸레로 닦고 있는 윤아 앞에 바싹 다가앉아 물었다. 윤아는 생글생글 웃으며 말했다.

"그럼요, 할머니 손녀딸 윤아 맞아요."

할머니는 그제야 윤아 뺨을 두 손으로 꼭 감싸쥐며 말했다.

"이쁜 내 새끼, 사랑해."

그러자 윤아가 씩씩한 목소리로 말했다.

"저도 할머니를 10의 8제곱만큼 사랑해요."

할머니가 고개를 갸우뚱거리며 물었다.

"10의 8제곱이 얼만큼이야?"

윤아가 종이와 연필을 가져와 쓰기 시작했다.

$10 \times 10 \times 10 \times 10 \times 10 \times 10 \times 10 \times 10 =$
100000000
$= 10^8$

"그러니까 10을 여덟 번 곱해서 1억이에요."

할머니가 좋아서 어쩔 줄을 모르며 말했다.

"어휴, 그래? 그럼 이 할미는 윤아를 1조만큼 사랑해."

윤아가 이번에는 팔을 크게 벌리고 말했다.

"전 할머니를 해만큼 사랑해요."

할머니가 고개를 갸우뚱거리며 말했다.

"해? 하늘에 있는 해?"

윤아가 웃으며 말했다.

"아니에요. 해는 경 다음으로 10의 20제곱이에요. 자, 보세요. 할머니."

윤아는 종이에 또다시 쓰기 시작했다.

억 → 10^8

조 → 10^{12}

경 → 10^{16}

해 → 10^{20}

항하사 → 10^{52}

불가사의 → 10^{64}

무량수 → 10^{68}

무한대 → 셀 수 없이 많은 수

할머니가 종이를 보더니 두 팔을 더 크게 벌려 말했다.

"그럼 할머니는 윤아를 무한대만큼 사랑해."

윤아가 할머니 품으로 뛰어들었다. 할머니는 윤아를 꼭 안아 주었다.

"아이구 내 새끼. 수학도 잘하고 밥도 잘 먹고 할미 말도 잘 듣는 이쁜 내 새끼."

한편, 헛간에서는 진짜 윤아가 있는 대로 짜증을 내고 있었다.

"배고파 죽겠어요. 피자 먹고 싶어요."

신들은 난감한 표정으로 서 있었다. 신들은 단 한 번도 밥을 해 본 적이 없었다. 제사를 지낼 때만 제사상에 가서 밥을 얻어먹고 오기 때문이다.

성주신이 말했다.

"우린 일 년에 한 번 제사 때 잔뜩 먹어 두기 때문에 평소에는 배가 고프지 않아."

윤아는 짜증을 냈다.

"난 지금 피자가 먹고 싶단 말이에요."

난감한 표정으로 서 있던 신들이 한마디씩 했다.

우물신은 "난 물을 길어다 줄 수 있어요."

성주신은 "내가 갇혀 있던 독에 쌀이 있어요."

조왕신은 "제가 밥을 지어 볼게요."
터줏대감은 "나물을 뜯어다 줄테니 반찬을 만들어 봐요."
잠자코 듣고 있던 변소 각시가 한마디 했다.
"내가 반찬을 만들어 볼게요."
그러자 신들이 얼굴을 찡그리며 손사레를 쳤다.
윤아도 소리를 질렀다.

"으, 변소 각시가 만든 건 안 먹을래요."
변소 각시는 다들 자기를 멀리 하자 화가 났다.
"흥. 모두들 나만 따돌리겠다 이거지? 좋아, 난 그럼 변소로 돌아갈 테야."
단단히 삐친 변소 각시는 변소로 돌아가 버렸다.
성주신이 단호한 얼굴로 말했다.

"지금 곧 나가서 윤아가 먹을 밥상을 차립시다."

잠시 후, 신들이 밥상을 들고 들어왔다. 밥상을 내려다본 윤아는 실망한 표정으로 말했다.

"이걸 나한테 먹으라고요?"

흰쌀밥에 반찬은 장독에서 퍼온 된장과 오래된 간장, 금방이라도 풀밭으로 뛰어들 것처럼 싱싱해 보이는 나물 무침이 전부였다.

조왕신이 풀이 죽은 얼굴로 말했다.

"재료가 없어서 고기 반찬은 못 만들었어. 그래도 내 성의니까 맛있게 먹어."

윤아는 숟가락을 들고 입맛만 쩝쩝 다셨다. 신들이 밥상 앞에 빙 둘러앉아 윤아가 밥 먹기를 기다렸다. 배에서는 계속 꼬르륵 소리가 들렸지만 고기 반찬이 없어 밥 먹기가 싫었다. 윤아는 숟가락을 도로 내려놓았다.

"나 밥 안 먹을래요."

신들이 난감해하는 얼굴로 서로 마주보았다. 바로 그때였다. 헛간 문이 열리고 업신이 고기가 꿰어져 있는 꼬치를 입에 물고 들어왔다. 맛있는 고기 냄새가 났다.

"입에 맞을지 모르겠지만 이거라도 먹어."

윤아는 고기를 보자 입에 침이 고였다. 생각해 보니 오늘 하루 종일

아무것도 먹지 않아 배가 등에 달라붙을 지경이었다.

윤아는 고기를 받아 냉큼 먹었다. 고기는 담백하고 고소했다. 고기를 다 먹고 나서 윤아는 업신에게 물었다.

"무슨 고기인데 이렇게 맛있어요?"

업신은 혀를 낼름거리며 말했다.

"내가 먹으려고 잡아 놓은 개구리 반찬이지."

개구리 반찬이라는 말에 윤아는 입속에 있던 고기를 뱉어냈다.

"우웩, 내가 개구리를 먹었단 말야? 어우, 너무해."

윤아는 할머니가 해 주시던 반찬이 그리웠다. 구수한 된장찌개, 생선구이, 멸치볶음, 안 먹던 콩장도 이제는 맛있게 먹을 수 있을 것 같았다.

'할머니.'

할머니 생각을 하자 코끝이 시큰해졌다. 이럴 줄 알았으면 뭐든 할머니가 해 주시는 건 맛있게 먹는 건데. 밥 먹을 때마다 피자나 통닭 아니면 안 먹겠다고 떼를 쓰던 게 미안했다.

윤아는 숟가락을 들고 밥을 먹기 시작했다. 밥에 간장과 나물을 넣고 숟가락으로 쓱쓱 비벼서 한입 먹었다. 그런데 밥이 생각보다 맛있었다. 윤아는 밥 한 그릇을 뚝딱 해치웠다.

황장군과의 대결

쟁반 같은 둥근달이 머리 꼭대기에 떠 있었다. 달빛 덕분에 사방이 환했다. 마당에는 신들이 모두 모여 있었다. 변소 각시도 변소에서 나왔다. 윤아는 결연한 표정으로 신들 가운데 서 있었다.

'내가 잘할 수 있을까? 내가 오늘 대결에서 이겨야만 우리 집을 무사히 지킬 수가 있어. 정신을 똑바로 차려야 해.'

윤아는 두 다리에 힘을 주었다. 터줏대감이 두 다리를 단단히 잡아 주고 있는 것처럼 느껴졌다.

신들은 잔뜩 긴장한 채 서 있었다. 성주신은 위엄을 잃지 않으려고 입을 굳게 다문 채 당당하게 서 있있고, 삼신할미는 초조한 표정으로 주위를 두리번거렸다. 변소 각시는 그렇지 않아도 새하얀 얼굴이 달빛을 받아 더욱 창백해 보였다.

"윤아, 잘할 수 있지?"

우물신이 윤아에게 물었다. 윤아는 주먹을 불끈 쥐고 말했다.

"자신 있어요."

그때 갑자기 어디선가 바람이 불어왔다. 그런데 보통 바람이 아니었다. 모든 것을 다 날려 버릴 것 같은 강한 바람이었다. 윤아의 몸이 휘청거렸다. 하지만 터줏대감이 윤아의 몸을 단단히 잡고 있어 바람에 날려가지는 않았다.

신들도 간신히 바람에 날려가지 않도록 버텼다. 가장 몸이 큰 터줏대감이 떡 버티고 서 있었고, 그 뒤에 삼신할미와 변소 각시가 숨었다. 바람 때문에 윤아는 제대로 눈을 뜰 수가 없었다.

어느 순간, 거짓말처럼 바람이 멈췄다. 그러자 소름 끼치도록 주위가 조용해졌다. 윤아는 조심스럽게 감았던 눈을 떴다.

윤아는 눈앞을 보고 깜짝 놀랐다. 무시무시하게 생긴 귀신들이 윤아와 신들 앞에 버티고 서 있었던 거다. 아무리 무서움을 모르는 강심장 윤아였지만, 귀신들을 보자 기절할 것처럼 놀랐다.

그 귀신들이 바로 성주신이 말한 황장군과 그 패거리들이었다.

황장군은 상상했던 것보다 훨씬 크고 무지막지하게 생겼다. 키는 삼 미터가 넘을 정도로 컸고, 넝마처럼 찢어진 옷과 산발한 머리, 새카만 얼굴에 희멀건 두 눈이 어둠 속에서 번뜩였다. 이는 온통 썩었고, 이 사이로 침이 질질 흘러내렸다.

그 뒤에 있는 귀신들도 하나같이 눈뜨고 봐 줄 수 없을 만큼 지저분하고 기괴하게 생겼다. 눈알이 알사탕처럼 튀어나온 귀신, 양쪽 팔이 고릴라처럼 길게 늘어진 귀신, 온몸의 근육들이 풍선처럼 울퉁불퉁 튀어나온 귀신, 이빨 빠진 귀신, 귀 없는 귀신, 심지어는 다리 한쪽이 없는 귀신도 있었다.

성주신이 황장군 앞에 나가 당당하게 말했다.

"오늘이 너희들 제삿날인 줄이나 알아라."

그 말에 황장군이 소름 끼치도록 기괴한 웃음소리를 냈다. 그러자 뒤에 서 있던 잡귀들이 저마다 기괴한 소리로 웃어댔다.

귀신들 웃음소리는 손톱으로 칠판을 긁는 소리, 유리끼리 부딪히는 소리와 비슷했다.

황장군이 갑자기 웃음을 뚝 멈췄다. 그러자 귀신들 웃음소리도 멈췄다. 황장군이 잡아먹을 듯 성주신을 노려보며 울부짖듯이 말했다.

"귀신이 또 죽는 거 봤냐? 너희들이나 짐싸서 나갈 준비 하시지."

그 말소리가 소름이 끼치도록 끔찍하고 공포스러워서 윤아는 몸서리를 쳤다.

변소 각시가 윤아 귀에 대고 속삭였다.

"놀란 얼굴 보이지 마. 당당하게 보여."

윤아는 기절할 것처럼 떨렸지만, 겉으로는 당당한 표정을 지어 보였다. 그건 다른 신들도 마찬가지였다. 신들은 표정 만으로 싸운다면 기필코 이길 것 같은 강하고 섬뜩하고 무서운 눈빛으로 잡귀들을 노려보았다.

  성주신이 당당하게 말했다.

"이제 더 이상 이곳을 넘볼 수 없게 하겠다."

  황장군이 두꺼운 입술을 씰룩거리며 말했다.

"그렇게는 안 될걸?"

  황장군이 있는 힘껏 입김을 불었다. 그러자 아까보다 더 무시무시한 바람이 불어왔다. 그 바람에 기왓장이 날아가고, 문짝이 덜컹거렸다. 힘없는 신들은 종잇장보다 가볍게 날아갔다.

윤아는 바람에 휩쓸려 가지 않으려고 있는 힘을 다해 버텼다. 하지만 황장군 뒤에 있던 패거리들이 한꺼번에 달려들어 더 큰 입김을 불어 대는 바람에 윤아 몸도 날아가 집 기둥에 부딪히고 말았다.

윤아는 정신을 차리고 두 손으로 기둥을 붙들었다. 자세히 보니 신들도 뭔가를 붙잡고 있었다.

이윽고 바람이 멈췄다. 신들은 화가 머리끝까지 나서 황장군 쪽으로 달려갔다.

먼저 터줏대감이 끄응, 하고 힘을 주자 땅이 마구 흔들렸다. 그러자 황장군 패거리들은 날쌔게 공중으로 뛰어 올라 허공에서 기분 나쁜 얼굴로 웃어 댔다. 이번에는 우물신이 황장군 패거리들을 향해 있는 힘을 다해 물을 뿜어 냈다. 물이 분수처럼 우물신 입에서 뿜어져 나와 황장군과 그 패거리들이 물벼락을 맞았다.

"한번 해 보자 이거지?"

화가 잔뜩 난 황장군이 들고 있던 녹슨 칼을 마구 돌렸다. 그러자 칼 끝에서 전기가 일어나면서 불꽃이 일어났다. 신들이 불꽃을 피해 이리저리 도망쳤다. 윤아도 정신없이 도망쳤다.

"더 이상은 못 참아."

부드럽고 자애로운 어머니 같던 조왕신도 화가 머리끝까지 났다. 조왕신이 황장군 패거리들을 향해 양팔을 내뻗자, 손가락 끝에서 엄

청난 불이 튀어나갔다. 황장군과 그 패거리들 몸에 불이 붙었다.

"앗, 뜨거."

황장군 패거리들이 소리를 지르며 불을 끄려고 몸부림을 쳤다.

변소 각시가 황장군 패거리들 쪽으로 가더니 공중제비를 몇 바퀴 돌았다. 그러자 점점 지독한 똥 냄새가 풍겼다. 공중제비를 한 바퀴 돌 때마다 똥 냄새는 더욱 지독해졌다. 황장군 패거리들이 얼굴을 찡그리며 코를 틀어막았다.

"어우, 냄새."

사람을 죽일 수도 있을 만큼 지독한 냄새였다.

황장군이 양팔을 닭날개처럼 퍼득이며 말했다.

"이에는 이, 냄새에는 냄새."

이윽고 지독한 겨드랑이 냄새가 풍겼다. 황장군 패거리들도 황장군처럼 겨드랑이를 퍼득거렸다. 그러자 냄새는 몇 배로 더 심해졌다. 500년이나 안 씻은 황장군 패거리들의 겨드랑이 냄새에 신들은 코를 움켜쥐고 괴로운 듯 비명을 질렀다.

"으으, 죽을 거 같아."

그러자 성주신이 보다 못해 신들과 황장군 패거리들 사이를 가로막고 서서 말했다.

"자자, 이제 그만. 우리는 지금 옥황상제의 명을 받들어 수학 대결을 하려고 모인 것이지 이렇게 싸우려고 모인 게 아니란 말이오."

그제야 황장군이 양팔을 내렸다. 신들도 경계 태세를 늦추고 성주신 뒤로 모여들었다.

황장군이 썩은 입냄새를 풍기며 말했다.

"그쪽 대표는 누구냐?"

윤아는 슬그머니 터줏대감 뒤로 가서 숨었다. 그러자 성주신이 큰 소리로 말했다.

"우리의 비밀 병기를 소개하지. 윤아, 앞으로 나와라."

윤아는 가슴이 덜컥 내려앉았다. 머릿속이 하얀 백짓장처럼

변하면서 지금까지 여러 신들에게 배웠던 수학이 하나도 생각나지 않았다. 온몸이 부들부들 떨려서 한 걸음도 걸을 수 없었다.

신들과 황장군 패거리 귀신들이 일제히 윤아를 보았다. 윤아는 그 자리에서 도망치고 싶었다.

"윤아, 뭐 해요? 어서 앞으로 나가요."

등 뒤에서 조왕신이 부드러운 목소리로 속삭였다. 터줏대감도, 우물신도, 삼신할미도, 변소 각시도, 업신도 어서 윤아가 나가기를 간절한 눈빛으로 바라보았다.

윤아는 겁에 잔뜩 질린 표정으로 터줏대감 뒤에서 눈치만 살폈다. 그런 윤아를 보고 황장군이 소름 끼치는 소리로 웃기 시작했다.

"크하하하, 저런 애송이가 비밀 병기라고? 아이고, 내가 오백 년 동안 살았어도 오늘처럼 웃기는 일은 처음 보네."

황장군 패거리 귀신들도 황장군을 따라 미친 듯이 웃어댔다. 기괴한 웃음소리가 밤하늘 높이 울려 퍼졌다.

윤아는 슬슬 기분이 나빠졌다. 오기도 생겼다.

황장군이 얕잡아보는 표정으로 윤아를 보며 말했다.

"나는 오늘 대결을 위해 지난 오백 년 동안 무려 1만 문제 이상을 풀었어. 저런 애송이한테 내가 질 것 같나? 이거 나를 너무 우습게 본 거 아냐?"

성주신의 얼굴이 점점 어두워졌다.

황장군의 그 말은 사실이었다.

황장군은 동네 공동묘지에 살면서 밤마다 수학 문제를 풀었다고 했다. 그런 황장군과 오늘 겨우 몇 문제 연습해 본 윤아는 상대도 되지 않을 것이다.

하지만 달리 방법이 없었다.

성주신은 윤아에게 말했다.

"윤아, 용기를 내. 넌 할 수 있어."

윤아는 두 주먹을 불끈 쥐었다.

'이 집을 내 힘으로 지켜야 해.'

그렇게 결심을 하자 무서움이 사라지고 용기가 불끈 솟아났다. 윤아는 황장군 앞으로 성큼성큼 걸어갔다.

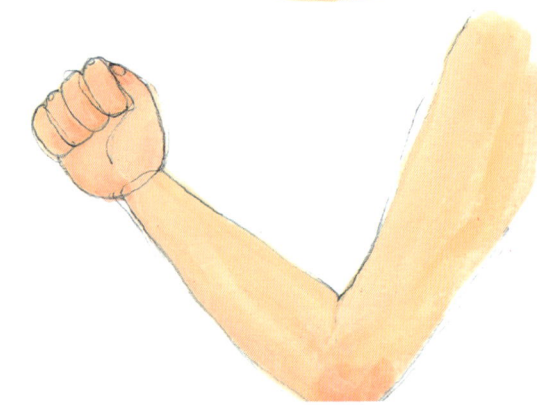

첫 번째 문제

하늘에서 강한 빛줄기가 땅으로 내리꽂혔다. 윤아는 눈을 제대로 뜰 수가 없었다. 정신을 차리고 눈을 떠 보니, 그 빛줄기를 타고 한 남자가 하늘에서 내려오고 있었다. 검은색 갓을 쓰고, 검은색 옷을 입은 그 남자의 얼굴은 밀가루처럼 창백했다.

"저승사자님, 어서 오십시오."

신들과 황장군 패거리들이 일제히 고개를 숙여 인사했다. 윤아도 얼떨결에 인사를 했다. 저승사자가 땅에 다 내려오자 빛줄기가 사라졌다. 저승사자는 무표정한 얼굴로 정면을 바라보고 서 있었다. 저승사자는 누구에게도 눈길을 주지 않았다.

성주신이 공손히 인사하며 말했다.

"기다리고 있었습니다."

윤아는 떨렸지만, 황장군 앞에서 약한 모습을 보이기 싫었다.

저승사자는 핏기 없는 얼굴로 국어책을 읽듯이 말했다.
"오늘 내가 옥황상제의 명을 받들어 이곳에 온 이유는, 신들과 잡귀들의 오백 년 된 싸움에 종지부를 찍기 위해서다. 옥황상제께서 특별히 세 개의 수학 문제를 내셨다. 이 세 문제 중에서 먼저 두 문제를 맞히는 쪽이 이 집을 차지하게 될 것이다. 지는 쪽은 영원히 이 집에서 나가야 한다."
윤아는 침을 꼴깍 삼켰다.
'두 문제다. 두 문제.'
황장군도 두 눈을 부릅떴다.
'저런 애송이한테 질 수야 없지.'
둘은 보이지 않게 치열한 기싸움을 했다.
'정신만 똑바로 차리면 돼. 이 세상에 풀지 못할 수학 문제는 없어.'
그렇게 생각하자 윤아는 왠지 모르게 마음이 든든해졌다.
저승사자가 허공을 바라보며 무표정한 얼굴로 말했다.
"둘 다 눈을 감아라."
윤아는 눈을 감았다. 모든 것이 암흑으로 변했다.
"자, 눈을 떠라."
눈을 뜨자 윤아는 바다 한가운데 떠 있는 배 위에 있었다. 배는 엄

청나게 컸고, 사람들이 여유롭게 갑판 위를 거닐고 있었다.

바로 눈앞에 저승사자가 서 있었고, 윤아 옆에는 황장군이 서 있었다.

"여기가 어디예요?"

윤아는 겁에 질린 표정으로 사방을 둘러보았다.

저승사자가 말했다.

"이곳은 여행을 즐기는 사람들이 타고 있는 배다."

황장군이 짜증이 가득한 얼굴로 말했다.

"지금 우리가 한가하게 여행을 즐길 때가 아니오. 그러니까 빨리 문제나 내쇼."

저승사자가 황장군을 노려보았다. 소름이 끼치도록 차가운 눈빛에 황장군이 머쓱한 표정으로 고개를 돌렸다.

"너희들을 이 배에 데리고 온 건 첫 번째 문제를 내기 위해서다. 자, 나를 따라오너라."

저승사자가 앞장을 서서 걷고, 그 뒤를 윤아와 황장군이 따라갔다. 저승사자는 갑판을 내려가 창고에 도착했다. 창고에는 온갖 식료품들이 가득 쌓여 있었다.

저승사자가 말했다.

"저건 이 배에 탄 승객들이 먹을 식량이다. 이 배에는 현재 16명의 승객이 타고 있는데 저 식량은 16명의 승객이 62일 동안 먹을 수 있는 양이다. 앞으로 15일 뒤에 어느 항구에서 4명의 승객이 다시 내린다. 그리고 그로부터 다시 16일 뒤에는 9명의 승객이 새로 배에 탈 것이다. 그렇다면 이제부터 문제다. 저 식량은 배가 항해한 날짜를 모두 합쳐 며칠이 지나면 없어지겠느냐? 먼저 답을 맞히는 쪽이 오늘의 승자가 될 것이다."

말을 마친 저승사자가 연기처럼 팍 사라졌다. 황장군은 갑판으로 나가 먼 바다를 보며 뭔가를 열심히 계산했다.

윤아는 저승사자가 했던 말을 곰곰이 생각해 보았다.

'한 명이 하루 동안 소비하는 식량을 1이라고 해 보자.'

윤아는 주머니에서 수첩과 연필을 꺼내 계산하기 시작했다.

전체 식량은 16명×62일이니까 992

15일 뒤에 4명의 승객이 내린다고 했으니까 승객이 내리기 전에 먹었던 양을 계산하면, 14일×16명=224

다시 16일 뒤에 9명이 새로 탄다고 했으니까, 15일까지 먹은 양을 계산하면, 15일×12명=180

9명의 사람들이 새로 탔다고 했으니까 총 인원수는, 16-4+9=21

남아 있는 식량은, 992-224-180=

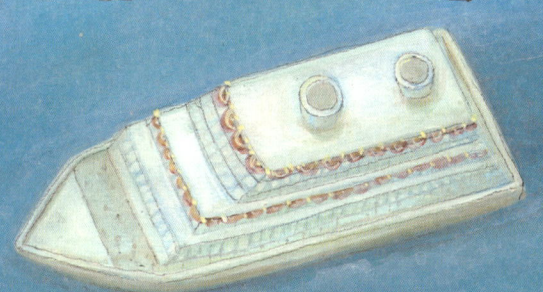

거기까지 계산하고 있는데 갑자기 황장군이 소리쳤다.
"답을 구했소."

저승사자가 홀연히 나타났다. 윤아는 놀라서 정신이 없었다. 이제 겨우 답을 다 구해 가는데, 황장군이 맞히면 어쩌지?
황장군이 의기양양한 표정으로 말했다.
"답은 28일이오."
저승사자의 얼굴이 잠깐 놀라는 것 같더니 금세 무표정이 되었다. 윤아는 마른 침을 꼴깍 삼켰다.
저승사자가 말했다.
"그렇다면 어떻게 그런 답이 나왔는지 풀이를 해 보거라."
황장군은 저승사자가 내민 칠판에 풀이 과정을 쓰기 시작했다.

1. 전체 식량 : 62일×16명=992

2. 4명의 승객이 내리기 전, 14일 동안 소비한 식량 :
   14일×16명=224

3. 4명의 승객을 뺀 12명의 승객이 15일 동안 소비한 식량 :
   15일×12명=180

4. 9명의 승객이 새로 배에 타기 전까지 소비한 식량 :
   992-224-180=588

5. 새로 배에 탄 9명의 승객까지 합한 배의 승객 : 16-4+9=21

6. 승객이 남은 식량으로 살 수 있는 기간 : 588÷21=28일

윤아는 절망적인 표정으로 황장군이 쓴 풀이 과정을 들여다보았다.
'맞았어, 저 풀이가 맞아. 나도 조금만 더 시간이 있었으면 답을 맞힐 수 있었을 텐데. 아, 10초, 아니 5초만 더 시간이 있었어도……'

윤아는 눈물이 나올 것 같았다. 그래도 혹시나 하는 마음으로 저승사자를 보았다. 저승사자는 사망 선고를 내리듯 무시무시한 표정으로 말했다.

"답도 맞고 풀이도 맞았다. 이번 문제는 황장군 승."

마지막 희망마저 무너졌다. 윤아는 고개를 푹 숙였다.

저승사자가 말했다.

"눈을 감아라."

왁자지껄한 소리에 윤아는 눈을 떴다. 눈을 떠 보니 신들이 기다리고 있는 집 마당 한가운데 서 있었다. 신들을 보자 윤아는 미안한 마음에 고개를 들 수가 없었다. 시무룩한 표정으로 서 있는 윤아에게 신들은 오히려 위로를 해 주었다.

삼신할미가 말했다.

"괜찮아, 너무 기죽지 마. 다음 문제를 맞히면 되지."

첫 문제에서 이긴 황장군과 잡귀들은 벌써 집을 차지하기라도 한 것처럼 집 안을 뛰어다니며 난리를 피웠다. 바가지를 두드리며 그 장단에 맞춰 춤을 추는 귀신도 있었고, 마루에 올라가 마치 집주인처럼 하인에게 호령치는 시늉을 하는 귀신도 있었다. 부엌에 들어가 부뚜막에 올라가 마구 뛰고, 찬장 속을 헤집고 다니는 귀신도 있었다.

신들은 마당에 서서 온 집 안을 헤집고 다니는 잡귀들을 바라볼 수밖에 없었다.

여자 조왕신이 걱정이 가득한 얼굴로 말했다.

"어휴, 내가 아끼는 부엌을 엉망으로 해 놓았네요."

윤아는 시무룩한 얼굴로 신들을 둘러보며 물었다.

"이 집이 저 잡귀들에게 넘어가면 어떤 일이 일어나죠?"

삼신할미가 잡귀가 듣지 못하도록 윤아 귀에 대고 소곤거렸다.

"잡귀들이 안방을 차지하면 앞으로 이 가문에서 아기 울음소리를 못 듣게 될 거야. 한마디로 대가 끊어진다는 거지."

윤아는 눈을 동그랗게 뜨고 물었다.

"그럼 더 이상 아기가 안 태어난다는 말인가요?"

삼신할미가 조심스럽게 고개를 끄덕였다.

그러자 이번에는 남자 조왕신이 말했다.

"내 부엌을 빼앗기면 식구들 모두가 굶어 죽을 거야."

그건 안 돼. 윤아는 머리를 힘껏 흔들었다.

우물신도 한마디 거들었다.

"우물을 빼앗기면 가뭄이 들어 농사를 망칠 거야."

뾰루퉁한 표정의 변소 각시도 한마디했다.

"변소를 빼앗기면 볼일은 어디서 봐?"

터줏대감도 헛기침을 하며 한마디했다.

"땅을 빼앗기면 서 있을 곳도 없지."

느린 말투로 업신도 한마디했다.

"내가 쫓겨나면 이 집 재산은 누가 지켜? 창고나 금고가 바닥나서 가난뱅이가 될 거야."

성주신이 심각한 표정으로 말했다.

"잘 들었지? 그래서 이 집을 저 잡귀들한테 빼앗기면 안 된다는 거야. 어떻게 해서든 지켜야 돼."

윤아는 주먹을 불끈 쥐며 말했다.

"걱정 마세요. 두 번째, 세 번째 문제는 틀림없이 제가 맞힐 테니까요."

휴식 시간이 끝나고 저승사자가 다시 나타났다. 난리를 피우던 황장군과 잡귀들도 저승사자 앞으로 왔다.

저승사자가 윤아와 황장군을 번갈아 보며 말했다.

"눈을 감아라."

두 번째 문제

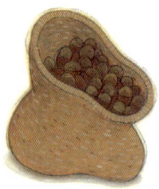

윤아가 눈을 떴을 때, 윤아는 어느 숲속에 와 있었다. 울창한 나무들이 하늘을 가릴 정도로 빽빽이 들어 차 있는 숲속에는 윤아와 저승사자 말고 아무도 없었다.

"여기가 어디예요?"

저승사자는 얼음짱처럼 차가운 목소리로 말했다.

"이곳은 네 생각 속이다. 두 번째 문제를 풀 준비는 돼 있느냐?"

윤아는 자신만만한 표정으로 고개를 끄덕였다. 처음 문제는 시간 때문에 실패했지만, 이번 문제는 자신 있었다.

저승사자가 손에 들고 있던 자루를 윤아에게 내밀며 말했다.

"이 자루 속에는 도토리가 들어 있다. 넌 절대 자루 속을 들여다보면 안 된다. 네가 이 숲속을 걸어가는 동안 동물들이 와서 도토리를 가져갈 것이다. 동물들이 도토리를 가져가고 났을 때, 남아 있는 개

수가 몇 개인지 알아맞히는 게 이번 문제다."

윤아는 눈앞이 캄캄했다.

'어떻게 이 자루 속에 들어 있는 도토리를 세어 보지도 않고 알아맞출 수가 있지? 이번 문제도 맞추지 못할 거 같아. 어쩌면 좋아.'

저승사자는 자루만 남겨 놓고 또 어디론가 사라졌다. 윤아는 조심조심 숲속을 걷기 시작했다.

한참 걸어갔을 때, 갑자기 다람쥐 한 마리가 나타났다. 다람쥐는 평소에 보던 것보다 훨씬 크고 말까지 했다.

"도토리 내놔."

윤아는 자루를 다람쥐에게 내밀었다. 다람쥐는 뒤돌아서더니 자루에서 도토리를 모두 꺼내 반으로 나눈 뒤, 반은 자기가 가져가고 반은 자루에 담아 윤아에게 내밀었다.

윤아가 자루를 받으려고 할 때, 다람쥐가 생각난 듯이 말했다.

"반으로 나눈 도토리에서 내가 2개를 더 가져가야겠어."

그래서 첫 번째 다람쥐는

윤아의 도토리 중 반을 갖고, 거기다 2개를 더 가져갔다.

윤아는 자루를 들고 계속 걸었다.

한참 걷고 있을 때, 참나무 숲이 나타났다. 길게 쭉쭉 뻗은 참나무에서 갑자기 커다란 청설모가 날렵한 몸짓으로 내려왔다. 윤아 앞을 가로막은 채 청설모가 말했다.

"도토리 내놔."

윤아는 또다시 자루를 내밀었다. 청설모는 이번에도 아까 다람쥐가 했던 것처럼 전체 도토리의 절반을 가져가고 거기다 2개를 더 가져갔다.

자루가 한결 가벼워졌다. 윤아는 자루를 열고 몇 개가 남아 있는지 세어 보고 싶었다. 하지만 자루를 열면 이번 문제에서 지는 거라고 했던 저승사자의 말이 떠올라 아무리 궁금해도 꾹 참았다.

숲 한가운데를 흐르는 계곡물을 폴짝 뛰어넘자 갑자기 눈앞에 커다란 곰이 나타났다.

윤아는 비명을 지르며 왔던 길로 달아나려고 했다. 그러자 곰이 순진하게 생긴 눈을 껌벅거리며 말했다.

"도토리 내놔."

윤아는 부들부들 떨며 자루를 곰에게 주었다. 곰이 또다시 뒤돌아서서 도토리를 반으로 나눈 뒤, 거기다 2개를 더 가져갔다.

"이제 가도 돼."

곰 말이 끝나자마자 윤아는 가벼워진 자루를 들고 정신없이 달렸다.

숲이 끝나는 곳에 저승사자가 서 있었다. 저승사자는 윤아에게 자루 안에 도토리가 몇 개 남았는지 확인해 보라고 지시했다. 윤아는 자루에 손을 넣어 도토리를 꺼냈다. 도토리는 3개였다.

"겨우 3개 남았어요."

저승사자가 말했다.

"그럼 아까 말한 것처럼 처음에 도토리가 몇 개 있었는지 말을 해 봐라."

윤아는 곰곰이 생각했다.

52

'동물들은 내가 가진 도토리에서 절반을 가져갔고, 거기다 2개를 더 가져갔어. 그러니까 동물들은 나보다 4개를 더 많이 가지게 된 거야.

남아 있는 도토리가 3개니까, 마지막에 만났던 곰은 나보다 4개가 더 많은 7개를 가지고 갔어. 그러니까 자루에는 곰이 가져간 7개와 마지막에 남아 있던 것 3개를 합쳐 10개가 있었어.

그럼 두 번째에 만났던 청설모는 나에게 있던 10개보다 4개가 많은 14개를 가져갔지. 원래 있던 10개와 14개를 합치면 24개가 있었어. 첫 번째 만났던 다람쥐는 원래 있던 24개보다 4개가 많으니까 28개. 원래 있던 24개와 다람쥐가 가져갔던 도토리 28개를 합치면 52개. 아, 그러니까 맨 처음 이 자루에는 52개가 있었어. 확실해.'

윤아는 자신 있게 대답했다.

"처음 이 자루에는 52개의 도토리가 있었어요."

저승사자가 이번에도 잠깐 놀라는 듯하더니, 어떻게 그 답이 나왔느냐고 물었다. 윤아는 생각했던 것을 술술 말했다. 그제야 저승사자가 고개를 끄덕이며 말했다.

"맞았다, 이번 답은 신 측 승리."

윤아는 자기도 모르게 비명을 질렀다. 기쁨을 빨리 신들과 함께 나누고 싶었다. 그런데 아까부터 황장군이 보이지 않았다.

"황장군은 어디 있어요?"

저승사자가 말없이 숲속을 가리켰다. 그곳에서는 끔찍한 괴성이 들려왔다. 화가 머리 끝까지 난 황장군이 자루를 발기발기 찢으며 괴성을 지르고 있었던 거다.

"뭐가 이렇게 어려워. 하나도 모르겠잖아. 으으, 짜증난다. 정말 화난다."

황장군은 머리를 쥐어뜯으며 비명을 질러댔다.

윤아의 승리로 신들의 기세는 하늘을 찌를 듯했다. 잡귀들은 풀이 죽은 모습으로 한쪽에 모여 있었다.

나머지 한 문제가 이 집과

신들의 운명을 결정짓게 되었다.

갑자기 성주신 얼굴이 굳어졌다. 나머지 삼신할미와 조왕신, 우물신 얼굴도 먹빛이 되었다.

"이제 어떡하지? 윤아한테 차마 그 말은 못 했는데."

조왕신이 걱정스러운 얼굴로 말했다.

"그러게 말이에요. 윤아가 알면 난리가 날 텐데, 큰일이에요."

터줏대감도 헛기침을 두어 번 하고 나서 말했다.

"이번에는 저 애를 설득하는 게 힘들 거 같소."

성주신이 변소 각시를 보자 변소 각시가 재빨리 성주신을 외면하고 고개를 돌렸다. 성주신은 난처한 얼굴로 헛간 안쪽을 바라보았다.

"하는 수 없지. 내가 설득해 보는 수밖에."

세 번째 문제

"뭐라고요? 난 못 가요. 아니, 안 가요."

윤아는 얼굴까지 새빨개져서 소리쳤다. 윤아는 성주신을 노려보며 말했다.

"하늘나라에 간다는 말은 안 했잖아요."

성주신은 땀을 뻘뻘 흘렸다.

"물론 안 했지. 하지만 그 말을 했다면 네가 이 대결을 한다고 했겠니?"

윤아는 신들 모두가 짜고 자기를 속인 것 같아 분해서 견딜 수가 없었다.

"난 그렇게 못 해요."

두 번째 문제를 풀고 나서 저승사자는 세 번째 문제는 하늘로 올라가 옥황상제 앞에서 풀어야 한다고 말했다. 그 말

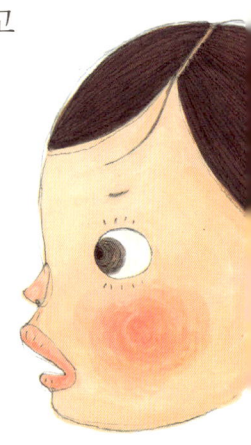

이 무엇을 의미하는지 윤아는 알 것 같았다. 하늘나라로 올라간다는 것은 죽는다는 것을 의미한다. 죽은 사람에게 '하늘나라로 갔다.'라고 하지 않는가? 더구나 옥황상제까지 만난다면 진짜 죽는 거다. 윤아는 죽고 싶은 마음이 전혀 없었다.

윤아는 신들을 노려보았다.

"다들 짜고 어쩜 저를 감쪽같이 속일 수가 있어요?"

성주신이 심각한 표정으로 말했다.

"속이려고 했던 게 아냐. 네가 처음에 물었지? 우리 신들이 황장군과 대결하면 안 되느냐고. 그 이유를 이제부터 얘기해 주겠다. 우리 신들은 일 년에 딱 한 번 하늘에 올라갈 수 있어. 그 날은 그믐날이야. 즉, 음력으로 12월 31일 마지막 날이지. 그날 우리 신들은 하늘로 올라가 옥황상제 앞에서 일 년 동안 이 집에서 일어난 일들을 보고한단다. 그 날 외에는 하늘로 올라갈 수가 없어. 그런데 황장군과 수학 대결을 하기 위해서는 마지막 문제를 옥황상제 앞에서 풀어야 한다는 조건이 있었어. 만약 네가 두 문제를 다 맞혔다면 하늘나라에 올라갈 필요가 없었겠지. 하지만 한 문제만 맞혔기 때문에 마지막 문제는 옥황상제 앞에서 풀어야 해."

조왕신이 부드러운 목소리로 말했다.

"문제를 풀고 다시 내려오면 돼요."

윤아는 조왕신을 노려보았다.

"그걸 어떻게 믿어요? 하늘나라에 가서 살아돌아왔다는 사람 한 사람도 못 봤단 말이에요."

이번에는 삼신할미가 말했다.

"딱 한 사람 있을 거야. 그게 바로 너야. 넌 죽는 게 아니니까 옥황상제께서 무사히 내려 보내 주실 거야."

윤아는 신들을 아무도 믿을 수 없었다.

"집에 가고 싶어요. 아빠, 엄마가 보고 싶어요. 빨리 보내 주세요."

윤아는 엄마가 정말로 보고 싶었다. 그동안 엄마 말 안 들었던 것, 반찬 투정한 것, 공부 안 하고 말썽만 피웠던 것들이 다 미안해졌다. 생각해 보니 엄마한테 너무 못된 딸이었다는 생각도 들었다.

'미안해, 엄마. 청개구리처럼 말도 안 듣고 공부도 안 하고 말썽만 피우다니. 이제 집에 돌아가면 착한 딸이 될게요.'

성주신이 어린아이 달래듯이 말했다.

"네 몸은 여기 있고 영혼만 살짝 갔다 오면 돼. 시간도 얼마 안 걸려. 눈 깜짝 할 사이에 모든 일이 끝나."

하지만 윤아는 그 말을 믿을 수가 없었다.

"내가 그 말을 믿을 줄 알아요? 난 절대로 여기서 한발짝도 움직이지 않을 거예요. 어디 올려 보낼 수 있으면 그렇게 해 보시든지요."

성주신 얼굴이 밝아졌다.

"정말이지? 그 말이 사실이지? 후회하기 없기다."

눈을 깜박였을 뿐인데 갑자기 주위 풍경이 달라졌다. 주위가 온통 하얀색이다. 주위에 하얀 구름이 뭉게뭉게 피어오르고 있었다.

윤아는 놀란 얼굴로 주위를 두리번거렸다. 발 아래도 온통 하얀 구름이었다. 마치 몸이 허공에 떠 있는 것처럼 가벼웠다. 주위에는 아무도 없었다. 윤아는 겁이 나서 소리쳤다.

"여기가 어디예요? 아무도 없어요?"

하얀 구름이 점점 걷히면서 주위 풍경이 드러났다.

가장 먼저 눈에 들어온 건 엄청나게 많은 사람들이었다. 아무도 없

다고 생각했는데, 셀 수 없을 정도로 많은 사람들이 양쪽에 길게 늘어서서 허리를 반쯤 숙이고 서 있었다. 정면에는 한눈에 보기에도 엄청나게 큰 의자가 허공에 떠 있었는데, 그 의자는 똑바로 쳐다볼 수 없을 정도로 눈부시게 빛나고 있었다.

의자 위에는 누군가 앉아 있는 것 같았다. 하지만 의자에서 나오는 빛이 너무 강해서 누군지 알아볼 수는 없었다.

옆에 있던 누군가가 윤아 귀에 대고 속삭였다.

"어서 예를 갖추지 못할까?"

윤아는 얼떨결에 고개를 숙였다.

아까 그 목소리가 들려왔다.

"옥황상제님. 여기 신 대표와 잡귀 대표 대령이옵니다."

옥황상제님? 그렇다면 여기가 하늘나라? 윤아는 가슴이 철렁 내려앉았다. 고개를 숙인 채 눈을 들어 주위를 살펴보았지만 성주신이나 다른 신들은 보이지 않았다. 잡귀들도 없었다. 다만 윤아 맞은편에서 황장군이 고개가 땅에 닿을 정도로 몸을 푹 숙인 채 서 있을 뿐이었다.

의자에서 쩌렁쩌렁한 목소리가 들려왔다.

"그동안 내가 신들과 잡귀신들 간의 싸움을 지켜보고만 있었느니라. 하지만 더 이상 싸움이 계속되는 것은 서로에게 좋지 않은 일이다. 정정당당한 방법으로 승패를 겨뤄 지는 쪽은 깨끗이 그 집을 포기해야 한다. 알았느냐?"

황장군이 우렁찬 목소리로 대답했다.

"예."

윤아는 간신히 기어들어 가는 목소리로 대답했다.

"예."

옥황상제가 말했다.

"시종은 준비된 것을 가져오너라."

"예이~."

옥황상제의 명령이 떨어지자 시종들이 커다란 수레를 끌고 왔다. 수레에는 커다란 우리가 실려 있었고, 겉은 천으로 가려 놓았는데 우리 밑에는 새 같기도 하고, 쥐 같기도 한 동물 발이 빽빽이 들어차 있었다. 우리 안에서는 계속 엑엑, 하는 이상한 울음소리가 들려왔다.

머리를 조아리고 있던 황장군이 그제야 수레 쪽을 힐끔 보았다.

이윽고 옥황상제가 말했다.

"저 우리 안에는 내가 기르고 있는 네 발 달린 동물 청새와 두 발 달린 동물 홍새 모두 합쳐 485마리가 들어 있다. 다리를 세어 보아라."

윤아와 황장군은 재빨리 다리를 세어 보았다. 다리는 모두 1744개였다.

황장군이 자신만만한 표정으로 말했다.

"모두 1744개이옵니다."

윤아도 말했다.

"맞습니다."

옥황상제가 말했다.

"맞았다, 그럼 저 중에서 홍새는 모두 몇 마리겠느냐? 오늘의 문제는 바로 그거다."

윤아는 순간 멍해졌다. 황장군 역시 예상치 못했던 듯 멍한 표정으로 윤아를 보았다.

'호랑이한테 물려가도 정신만 차리면 산다고 했어. 정신차리자, 윤아야.'

윤아는 스스로에게 그렇게 말하고, 머릿속으로 식을 세워 보았다.

청새와 홍새의 다리 합만 주어졌어. 청새는 다리가 네 개 달렸고, 홍새는 두 개 달렸어. 힌트는 두 동물의 합이 485마리이고, 두 동물의 다리가 모두 합쳐 1744개라는 거야. 그중에서 홍새가 몇 마리인지를 알아맞히는 문제야.

윤아 눈앞에 하얀 구름이 떠다녔다. 윤아는 손가락으로 구름에 글씨를 써 보았다. 글씨가 선명하게 써졌다.

청새+홍새=485

4다리+2다리=1744개

만약 이 동물이 모두 네 발 달린 청새라고 가정한다면,

485×4=1940개

즉, 다리가 1940개가 되어야 해. 하지만 다리가 1744개야.

여기서 홍새는 청새보다 다리가 두 개가 적으니까,

1940-1744=196

이 196개가 홍새의 다리가 되는 거야.

홍새의 다리는 두 개니까

196÷2=98.

즉, 홍새는 98마리이고,

전체 485마리에서 98마리를 빼면

485-98=387

청새는 387마리.

> 홍새는 98마리
> 청새는 387마리

이게 바로 정답이야.

윤아는 정답을 눈앞에 보이는 구름 조각에 썼다. 구름 조각은 허공으로 날아가 옥황상제에게 갔다. 한편 황장군도 문제를 다 풀었는지 황장군 앞에 있던 구름 조각도 옥황상제 앞으로 날아갔다. 윤아와 황장군이 쓴 풀이 과정과 정답을 본 옥황상제는 고개를 끄덕였다.

윤아는 침을 꼴깍 삼켰다. 황장군도 긴장한 표정으로 서 있었다. 옥황상제가 시종에게 고개를 까딱해 보였다. 그러자 시종이 우리 위에 씌워져 있던 천을 들췄다.

우리 안에는 청새와 홍새가 가득 들어 있었다. 옥황상제 말처럼 청새는 다리가 넷 달렸고, 홍새는 다리가 둘 달렸다. 윤아는 처음 보는 동물이었다. 다리가 넷 달린 청새는 긴 목과 긴 다리, 긴 허리를 가진 가냘프게 생긴 동물이었고, 털 색깔이 온통 파란색이었다. 다리가 둘 달린 홍새는 역시 긴 목에 긴 다리가 달린 동물이었는데 털 색깔이 온통 빨간색이었다. 언뜻 보기에도 청새가 홍새보다 훨씬 많았다.

"홍새를 한 마리씩 날려 보내거라."

시종이 우리 문을 열었다. 그러자 홍새가 한 마리씩 우리 밖으로 나

와 빨간 날개를 퍼뜩이며 하늘로 날아갔다.

"한 마리."

우리에서 계속 홍새가 나왔다. 마지막 홍새가 나왔을 때 시종이 큰 목소리로 말했다.

"아흔여덟 마리."

우리에 남아 있는 청새는 정확히 387마리였다. 윤아는 날아갈 것처럼 기뻤다. 실제로 몸이 붕붕 뜨는 것 같았다. 황장군은 짐작하고 있었다는 듯 고개를 푹 숙였다.

옥황상제가 말했다.

"잡귀 쪽에서는 답을 쓰지 못했다. 이번 답은 신 쪽 대표가 맞췄다. 잡귀들은 앞으로 신들이 지키고 있는 한옥 근처에는 얼씬거리지도 말지니라. 만약 조금이라도 얼씬거렸다가는 너희들을 유황불이 타는 지하 감옥으로 추방 명령을 내릴 것이니라."

황장군이 윤아를 잡아먹을

듯이 노려보았다. 눈이 금방이라도 불이 활활 탈 듯 이글거렸다. 하지만 윤아는 눈도 깜짝하지 않았다. 황장군에 대한 두려움이 모두 사라져 당당하게 황장군을 바라보았다.

 마침내 황장군이 고개를 숙였다.

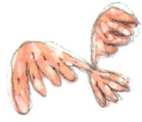

"내가 깨끗이 졌다."
윤아는 이 기쁜 소식을 신들에게 전하고 싶었다.
윤아는 허공에 대고 소리쳤다.
"다들 어디 계세요? 제가 이겼어요. 집을 지킬 수 있게 됐다고요."

안녕, 신들!

"제가 이겼어요. 이제 집을 지킬 수 있게 됐어요."

"얘가 지금 무슨 헛소리를 하는겨? 윤아야, 윤아야, 일어나."

누군가 흔들어 깨우는 바람에 윤아는 겨우 눈을 떴다. 할머니가 윤아를 내려다보고 있었다.

윤아는 두 눈을 비비고 나서 할머니를 올려다보았다. 분명히 진짜 할머니였다.

"우리 새끼, 여기서 잠들었어? 빨리 일어나."

그제야 윤아는 주위를 둘러봤다. 저 멀리 낡은 한옥이 보였다. 윤아가 있는 곳은 할머니네 집 뒷곁에 있는 처마 밑이었다. 주위에는 장작이 가득 쌓여 있었고, 윤아는 장작 위에 비스듬히 몸을 기댄 자세로 있었다.

"여기가 어디예요? 방금 전까지 하늘나라에 있었는데? 신들은 다

어딨어요?"

윤아는 주위를 두리번거렸다. 아무리 찾아봐도 신들은 없었다. 할머니는 윤아를 일으켜 세웠다.

"우리 윤아 꿈꿨구나. 여기가 어디긴 어디야 할미 집이지."

윤아는 할머니 손에 이끌려 걸었다. 하지만 걸으면서도 자꾸 뒤를 돌아보았다.

"할머니, 저 집에는 아무도 안 살아요?"

윤아는 을씨년스럽게 서 있는 낡은 한옥을 가리키며 물었다.

할머니가 옅은 한숨을 푹 내쉬며 말했다.

"아주 옛날에는 저기서 우리 조상님들이 사셨지. 하지만 자꾸 안 좋은 일이 일어나서 이 집을 새로 짓고 저 집은 그냥 비워 뒀어."

아빠와 엄마는 떠날 차비를 마치고 윤아를 기다리고 있었다. 아빠도 엄마도 얼굴이 어두웠다.

"윤아야, 할머니 집에서 잠시만 있어. 집이 정리되는 대로 곧 데리러 올게."

엄마가 끝내 눈물을 글썽거렸다. 윤아도 아빠 엄마와 헤어져 사는 게 싫었다. 아, 모든 게 꿈이었으면 얼마나 좋을까?

아빠가 굳은 얼굴로 운전석으로 갔다. 아빠가 차 문을 열려고 할 때

휴대폰이 울렸다. 아빠가 휴대폰을 받았다. 아빠는 휴대폰을 들고 차에서 멀리 떨어졌다.

아무래도 심각한 내용 같았다. 휴대폰을 들고 차에서 점점 멀어져 가는 아빠 뒷모습이 무거워 보였다.

한참 동안 통화를 하던 아빠가 갑자기 돌아서서 차 있는 쪽으로 달려오기 시작했다. 점점 가까워지는 아빠 얼굴은 활짝 웃고 있었다.

"어머니, 여보, 윤아야, 살았다. 우리 살았어."

모두가 영문을 몰라 아빠 얼굴만 뚫어져라 보고 있는데 아빠가 울 것 같은 얼굴로 말했다.

"내 친구가 은행에 빚을 갚았대. 그래서 우리 집이 경매에 안 넘어간대. 그것 봐, 내가 뭐랬어. 내 친구가 갚을 거라고 했잖아. 아, 하느님, 부처님, 감사합니다."

할머니와 엄마도 부둥켜 안고 좋아했다. 아빠가 윤아에게 다가와서 말했다.

"윤아야, 집에 가자. 할머니 집에는 방학 때 내려오고."

집에 간다는 말에 윤아는 뛸 듯이 기뻤다. 그러다 갑자기 뭔가 생각난 듯이 다급하게 소리쳤다.

"잠깐만요, 아빠. 어디 좀 갔다 올게요."

"어디를? 집에 가야 하는데?"

"잠깐이면 돼요."

윤아는 아빠 손을 놓고 할머니 집 뒤에 있는 낡은 한옥 쪽으로 달려갔다.

엄마가 등 뒤에서 소리쳤다.

"윤아야, 빨리 와."

윤아는 단숨에 낡은 한옥 대문 앞까지 달려갔다. 대문에는 꿈에서 봤던 것과 똑같은 그림이 붙어 있었다.

두 눈을 부릅뜨고 앉아 있는 호랑이 그림이었다.

윤아는 호랑이에게 암호를 말했다.

"암호는 7."

하지만 대문은 열리지 않았다. 호랑이도 움직이지 않았다. 윤아는 더 큰소리로 말했다.

"암호는 7이라고요. 어서 문 열어요."

호랑이는 여전히 꼼짝도 하지 않았다. 대문에는 녹이 슨 자물쇠가 채워져 있었다.

"아까는 열어 줬잖아요. 암호를 대면 열어 주는 거잖아요. 빨리 열어요."

윤아가 아무리 말해도 호랑이는 눈도 깜짝 하지 않았다.

할머니가 부르는 소리가 들려 왔다.

"윤아야."

윤아는 목청껏 소리쳤다.

"금방 가요."

그리고 다시 호랑이를 보았다. 호랑이가 부릅뜬 눈으로 윤아를 바라보았다.

윤아는 호랑이에게 가만히 말했다.

"제가 우리 집을 지켰죠? 잡귀신들과 대결해서 제가 이겼어요. 이제

이 집에 잡귀신들은 얼씬거리지도 못할 거예요. 만약 그랬다간 옥황상제께서 가만두지 않겠다고 하셨거든요. 다른 신들에게도 작별 인사 전해 주세요. 윤아가 잊지 않겠다고요. 꼭이에요."

수학 귀신의 집_01 초등 스토리텔링 수학

펴낸날	초판 1쇄 2012년 5월 30일
	초판 12쇄 2021년 9월 3일

지은이	김선희
그린이	이남지
펴낸이	심만수
펴낸곳	(주)살림출판사
출판등록	1989년 11월 1일 제9-210호

주소	경기도 파주시 광인사길 30
전화	031-955-1350 팩스 031-624-1356
홈페이지	http://www.sallimbooks.com
이메일	book@sallimbooks.com

ISBN	978-89-522-1803-2 74410

살림어린이는 (주)살림출판사의 어린이 브랜드입니다.

※ 값은 뒤표지에 있습니다.
※ 잘못 만들어진 책은 구입하신 서점에서 바꾸어 드립니다.

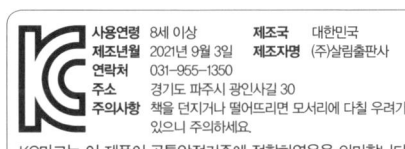

사용연령	8세 이상	제조국	대한민국
제조년월	2021년 9월 3일	제조자명	(주)살림출판사
연락처	031-955-1350		
주소	경기도 파주시 광인사길 30		
주의사항	책을 던지거나 떨어뜨리면 모서리에 다칠 우려가 있으니 주의하세요.		

KC마크는 이 제품이 공통안전기준에 적합하였음을 의미합니다.